국어 교사가 만든
국어 교사를 위한

찐 실전 Chat GPT

생성형 AI 국어 수업 활용하기!

강유정·김예리·예승현 공저

(주)광문각출판미디어
www.kwangmoonkag.co.kr

머리말

　최근 교육 현장에서 가장 주목받는 화두는 바로 '생성형 AI'입니다. AI 기술이 빠르게 발전하면서, 교사들은 이를 교육에 어떻게 활용할지 고민하고 있습니다. 디지털 환경에서 성장한 학생들에게 기존 교육 방식은 여전히 효과적일까요? 변화하는 시대 속에서 학생들의 국어 역량을 어떻게 길러 줄 수 있을까요?

　이 책은 이러한 질문에서 출발했습니다. 국어 수업에서 생성형 AI가 어떤 의미를 가지는지 탐색하고, 실제 수업에 바로 적용할 수 있는 구체적인 사례를 제시하고자 했습니다. 단순히 AI에 정답을 묻는 것이 아니라, 학생들이 깊이 사고하고 효과적으로 표현할 수 있도록 돕는 수업 설계 방법을 담았습니다.

　특히 생성형 AI를 국어 수업에 활용할 때 반드시 고려해야 할 원칙도 함께 다루었습니다. 학생들의 사고력을 저해하지 않으면서 AI를 효과적으로 활용하는 방법, 그리고 AI의 결과물을 비판적으로 수용할 수 있도록 돕는 교육적 방안을 구체적으로 논의했습니다.

　첫 번째 장에서는 생성형 AI와 국어 수업의 관계를 살펴보고, 생성형 AI를 수업에 도입하기 위해 교사가 준비해야 할 사항과 AI 리터러시 교육의 중요성을 다룹니다.

　두 번째 장에서는 어휘력, 듣기·말하기, 읽기, 쓰기, 문학의 각 영역에서 생성형 AI를 활용한 수업 설계 방법을 구체적으로 제시합니다. 또한, 각 수업에 사용된 AI 도구와 활용법, 프롬프트 및 활동지 예시, 전체 수업 지도안과 평가 계획 등을 포함해 실제 적용 사례를 풍부하게 담았습니다.

　세 번째 장에서는 생성형 AI를 활용한 입시 대비 방법을 설명합니다. 입시를 준비하는 학생들과 학부모, 그리고 이를 지도하는 교사들에게 실질적인 도움을 줄 수 있는 전략을 제시합니다.

이 책이 생성형 AI 시대의 국어 수업을 고민하는 교사들에게 실질적인 도움이 되기를 바랍니다. 함께 생성형 AI가 국어 수업을 어떻게 변화시킬 수 있을지 탐구하며, 더 나은 교육을 위한 방향을 모색하는 데 작은 이정표가 되기를 기대합니다.

저자 일동

목차

2부   생성형 AI를 활용한 국어 수업하기

3부 생성형 AI를 활용한 입시 지도하기

1

생성형 AI가
왜 국어 수업에
필요할까?

생성형 AI와 국어 수업

인공지능에 대한 교육(Learning about AI)과는 다르게, 인공지능을 활용한 교육 (Learning with AI)은 AI 기술을 과목 학습의 효율성 향상을 위해 사용하는 것, 즉 AI 를 도구로 활용하여 교과의 목표를 달성하는 것을 일컫는다. 생성형 AI는 새로운 교 수·학습 도구인 셈이다. 교사들이 교과의 목표를 달성하기 위해 활동지를 제작하고, 동기 유발 영상을 찾고, 다양한 수업 모형을 적용해 왔듯이 생성형 AI 역시 하나의 교 수·학습 도구로써 교실 수업에 활용할 수 있다.

그렇다면 국어 수업에 왜 생성형 AI가 필요할까?

첫째, 교육 환경과 비전이 변화하기 때문이다. 교육부는 '2022 개정 교육과정 총론' 에서 디지털 친화적·도전적 특성을 갖는 학습자들을 위해 새로운 교육과 최적화된 맞춤형 교육으로의 변화가 필요함을 밝힌 바 있다. 디지털 리터러시와 AI 활용 능력 을 갖춘 인재상이 주목받고 있는 만큼, 빠르게 변화하는 디지털·AI 교육 환경에 대응 해야 한다는 것이다.

둘째, 학생들이 먼저 변화하고 있기 때문이다. 학생들은 이미 생성형 AI를 숙제에 활용하는 등 교사보다 훨씬 전부터 디지털·AI 환경에 익숙해져 있다. 학생들과 AI를 강제로 떨어뜨릴 수 없는 이상, 학생들의 AI 기술 사용을 경계하는 것보다는 학생의 성장을 지원하는 올바른 방향으로 이끌어 주는 것이 더 낫지 않을까?

셋째, 생성형 AI가 교사와 학생을 효율적으로 지원하기 때문이다. 생성형 AI는 즉각적이고 반복적인 개별화 피드백 제공이 가능하다. 언제든지 학생의 수준에 따라 방향성 있는 피드백을 제공할 수 있어, 학생의 학습을 효율적으로 도울 수 있다. 이뿐만 아니라, 교사가 개별 학생에게 피드백을 줄 시간이 부족한 상황에서 교사의 부담을 완화한다. 넷째, 학생 참여형 수업을 보다 쉽게 구현할 수 있기 때문이다. 학생 참여형 수업을 실행할 때 어려운 점 중 하나는 학생의 참여로 인한 여러 가지 결과물에 피드백을 제공할 시간이 부족하다는 것이다. 생성형 AI를 활용하여 활동 중심적인 수업을 더욱 쉽게 구현할 수 있다.

이러한 이유로, 생성형 AI를 활용한 국어 수업은 국어 수업의 질적 변화를 이끌 새로운 패러다임을 제시하므로 기대할 만하다. 이 패러다임의 중심에는 교사가 있다. 생성형 AI라는 교수·학습 도구를 효과적으로 활용하는 주체도 교사이며, 2022 개정 교육과정이 요구하는 학생 역량을 길러야 할 책임도 교사에게 있다. 교사의 역량이 그 어느 때보다 중요한 시점에서, 이 책은 교사를 지원하는 가이드북으로서 프롬프트부터 지도안, 평가계획, 활동지에 이르기까지 생성형 AI를 활용한 국어 수업의 구체적이고 실질적인 방법을 제시한다.

2장 생성형 AI 준비 방법

1) 생성형 AI 활용의 기본 원칙 확인하기

〈서울특별시교육청에서 제공하는 생성형 AI 교육적 활용 가이드〉

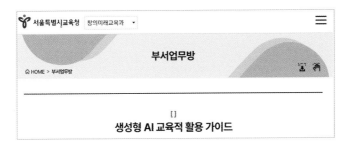

〈경기도교육청에서 제공하는 AI 활용 맞춤형 교육 가이드〉

기본적으로 각 시·도 교육청에서 배포한 지침을 숙지해야 한다. 서울특별시교육청과 경기도교육청에서는 위의 화면에서 각각 〈학교급별 생성형 AI 활용 지침〉과 〈챗GPT 간편 가이드(교사용)〉, 그리고 〈AI 활용 맞춤형 교육 가이드〉를 제공하고 있다. 저작권 문제나 개인정보 보호 문제, 오류 가능성 등을 염두에 두어야 안전한 수업을 할 수 있다. 이에 더해 교사와 학생은 다음의 기본 원칙도 함께 숙지해야 한다.

첫째, 생성형 AI 활용 수업에서는 반드시 교사가 주도권을 가져야 한다. 교사가 생성형 AI가 제공하는 결과를 검토함으로써 피드백 품질의 편차를 보완해야 한다는 것이다. 잘못된 정보가 제공되거나 학생별로 내용이 크게 다른 경우, 목표한 바를 달성할 수 없으므로 수업을 주도하는 것은 생성형 AI보다 교사여야 한다.

둘째, 생성형 AI 활용 수업에서는 반드시 학생이 주도적으로 참여해야 한다. 생성형 AI가 제공하는 결과를 학생이 스스로 성찰하며 수정 및 보완할 수 있게 교사가 수업을 설계해야 한다는 것이다. 이는 학생들이 생성형 AI에 의존하지 않는 태도를 기르기 위함이며, 생성형 AI를 만능이라고 오해해 스스로 학습할 기회를 놓치지 않게 하기 위함이다. 생성형 AI를 활용한 다음, 학생들이 그 결과를 한 번 더 성찰하고 수정하는 과정을 통해 학습 목표를 달성할 수 있도록 해야 한다.

2) 계정 생성 및 확인하기

교육청과 단위 학교의 가이드북 및 지침 사항을 확인했다면 생성형 AI를 사용할 때 필요한 계정을 확인할 차례이다. 가장 많이 사용하는 챗GPT와 Gemini(이하 제미나이)의 경우 구글 계정이 필요한데, 학생들은 본인의 아이디와 비밀번호를 잊어버리는 경우가 꽤 많다. 그렇기 때문에 생성형 AI를 사용하기 전 학생들의 학교 계정이나 개인 계정을 미리 준비해 두어야 한다. 특히 구글 기반 생성형 AI는 무료 버전과 유료 버전이 나누어져 있는 경우가 많은데, 근무 중인 학교 아이디로 로그인할 경우 유료 버전을 지원하는 곳도 있으니 미리 잘 알아봐야 한다. 이미지를 생성하는 AI는 무료 버전을 사용할 때 횟수의 제한이 있거나 사용할 수 있는 서비스가 제한될 수 있다. 이 또한 교사가 미리 알아보고 학생들이 활동을 시작하기 전 안내해 주는 것이 좋다. 한국어 기반 생성형 AI인 'wrtn(이하 뤼튼)'의 경우 무료이며, 네이버와 구글 모두로 로그인이 가능하지만, 스마트폰으로 접속할 때는 따로 앱을 다운로드해야 하니 알아두어야 한다.

3) 사용 연령 확인하기

생성형 AI는 개인정보 보호와 관련된 문제 등으로 인해 사용 연령에 제한을 두는 경우가 많다. 사용자의 데이터를 수집하고 처리하는 AI의 특성상, 미국의 '아동 인터넷 개인정보 보호법'에 따라 만 13세 미만의 아동은 사용이 제한되고, 만 13세 이상, 18세 미만의 학생은 부모 또는 법적 보호자의 동의하에 사용할 수 있다. 다음은 교육 현장에서 많이 사용되는 생성형 AI의 사용 연령이다.

〈생성형 AI별 사용 연령〉

챗GPT	· 만 13세 미만(생일이 지나지 않은 중학교 1학년): 사용 제한 · 만 13세 이상~18세 미만(중2~고3): 부모 혹은 법적 보호자의 동의하에 사용 가능 · 만 18세 이상: 회원 가입 및 사용 가능
Bard(바드)	· 만 14세 이상(생일이 지난 중2) 이용 가능
하이클로바X	· 만 19세 이상 사용 가능 · 개인 아이디만 가입 가능하며 단체 아이디 가입 불가
뤼튼, ASKUP(아숙업)	· 만 14세 이상(생일이 지난 중2) 이용 가능 · 만 14세 미만은 부모나 법적 보호자의 동의 필요

이처럼 학년에 따라 부모나 법적 보호자의 동의를 받아야 생성형 AI의 이용이 가능한 경우가 많다. 만약 수업에서 생성형 AI를 활용하고 싶다면 미리 관련 부서에 문의한 후 가정통신문을 통해 보호자 동의서를 받는 것이 안전하다. 또한, 챗GPT 등을 사용할 때 '모두를 위한 모델 개선' 항목을 꺼두는 것을 추천한다. 해당 세팅을 끄지 않으면 학생들이 질문한 내용들이 모두 AI의 학습에 이용될 수 있기 때문이다. 추후 문제가 되지 않도록 교육 현장에서 생성형 AI를 활용할 때 발생할 수 있는 위험성은 없는지 꼼꼼히 확인해야 한다.

디지털 네이티브 세대와 문해력

오늘날의 아이들은 디지털 네이티브 세대다. 이들은 태어날 때부터 디지털 환경 속에서 자라 왔고, 디지털 기기와 친숙하게 생활하며 성장해 왔다. 이에 따라 현대 사회에서 요구되는 문해력의 범위도 변화하고 확장되고 있다. 리터러시 또는 문해력(文解力)은 전통적으로 글을 읽고 이해하는 능력을 의미하지만, 최근에는 단순히 인쇄물을 읽고 이해하는 것을 넘어 다양한 매체를 비판적으로 이해하는 능력을 포괄하는 개념으로 자리 잡았다. 예를 들어, 미디어 리터러시, 디지털 리터러시, AI 리터러시 등이 이에 해당한다.

이러한 변화는 2022 개정 교육과정에도 반영되어 있다. 특히 2022 개정 국어과 교육과정에는 새로운 '매체' 영역이 신설되었다. 이는 국어에서 다루는 '언어'의 범위가 기존의 음성 언어와 문자 언어를 넘어 매체 언어로 확장되었음을 의미한다. 이는 단순히 사회적 흐름을 반영한 것에 그치지 않고, 디지털 네이티브 세대인 학생들의 특성을 고려한 것이다.

그렇지만 디지털 환경에 익숙한 학생들에게도 음성 언어와 문자 언어에 대한 전통적 문해력은 여전히 중요하다. 디지털 리터러시와 AI 리터러시 역시 음성 언어와 문자 언어를 기반으로 하기 때문이다. 즉 기본적으로 어휘력과 글자 해독 능력을 갖추는 것은 디지털 환경에서도 필수적이며, 이를 바탕으로 AI와 관련된 새로운 문해력을 함께 다루어야 한다.

현대 사회의 리터러시 개념은 특정 매체나 기술에 대한 이해 능력, 관련 지식 보유 정도, 이를 다루는 숙련도, 그리고 효율적인 소통 능력을 포괄한다(한국과학창의재단, 2024). 특히 AI 리터러시는 "AI에 대해 비판적으로 평가하고, AI와 효율적으로 소통·협업하면서 일상생활과 업무에서 AI를 도구로 활용할 수 있는 역량"을 의미한다(Long & Magerko, 2020). 이러한 역량은 단순히 기술적 이해에 그치는 것이 아니라 AI를 비판적으로 활용하고 인간과 AI의 차별성을 이해하며, 이를 통해 개인의 역량을 극대화하는 데 중요한 역할을 한다.

결국 디지털 네이티브 세대의 특성을 고려할 때, 문해력 교육의 범위를 디지털과 AI로 확장해야 한다. 그러나 이 과정에서도 전통적인 문해력 교육을 놓쳐서는 안 된다. 문자 언어와 음성 언어에 대한 탄탄한 기반 위에 디지털 리터러시와 AI 리터러시를 추가적으로 습득할 때, 비로소 현대 사회가 요구하는 종합적 문해력을 갖추게 될 것이다.

2

생성형 AI를 활용한 국어 수업하기

1장

어휘력

2부에서는 문해력의 기본이라 할 수 있는 '어휘력'을 먼저 살펴본다. 이어서 '듣기·말하기', '읽기', '쓰기', '문학' 영역을 다루며, 생성형 AI를 활용한 국어 수업을 통해 음성 언어와 문자 언어의 문해력과 AI 문해력을 탐구한다. 대상 학생들의 기본 학력이나 학업 성취도 수준을 고려하여 기초가 부족한 경우에는 어휘력 수업을 먼저 진행하고, 이후 단계적으로 듣기·말하기, 읽기, 쓰기, 문학 수업으로 확장하는 것이 효과적일 것이다.

어휘력은 문해력의 핵심 요소로, 글의 의미를 이해하고 해석하는 데 중요한 역할을 한다. 어휘력이 풍부할수록 다양한 단어와 표현을 쉽게 이해할 수 있으며, 문맥을 통해 단어의 의미를 추론하는 능력도 향상된다. 이는 단순히 글을 읽는 수준을 넘어 복잡한 개념과 감정을 이해하고 비판적으로 사고하는 데까지 도움이 된다. 이때 어휘력을 활용하는 게임을 제시하는 것이 하나의 대안이 될 수 있다. 예를 들어, 단어 데이터 기반으로 단어를 맞히는 사이트를 활용하면 좀 더 재미있게 어휘력을 향상할 수 있다.

1) 한글 자모 학습과 함께 어휘력 향상하기

중학교 국어 수업을 하다 보면 의외로 많은 학생이 '자음'과 '모음'을 헷갈려 하는 경우가 많다. 2015 개정 교육과정을 기준으로 중학교 2학년에서는 훈민정음을, 중학교 3학년에서는 음운을 학습하는데, 이때 다시 한번 자음과 모음을 명확히 구분하게 하면서 어휘력을 향상하는 게임을 함께 진행할 수 있다. 바로 '꼬들' 혹은 '꼬오오오오들' 사이트를 활용하는 것이다.

'꼬들'은 6개의 음운으로 이루어진, '꼬오오오오들'은 12개의 음운으로 이루어진 단어를 맞추는 게임 사이트이다. 해당 음운이 사용되었는지, 해당 위치가 맞는지에 따라 음운에 표시되는 색깔이 달라진다. 학생들이 많은 단어를 알고 있을수록 좋지만, 단어를 잘 모르더라도 게임의 규칙을 활용하여 단어를 맞출 수 있다. 따라서 어휘력이 좋지 않은 학생들도 함께 참여할 수 있으며, 해당 단어를 맞추고 그 단어의 뜻을 찾아봄으로써 어휘를 학습하게 할 수 있다.

어휘력의 수준 차이가 큰 학생들로 구성된 학급의 경우 어휘력 수준이 좋은 학생들이 너무 빨리 답을 맞혀 어휘력이 낮은 학생들의 동기가 저하될 수 있다. 따라서 일반적인 수업 상황보다는 기본 학력 수업과 같이 어휘력의 수준 차이가 크지 않고, 모든 학생들의 수준이 낮게 형성되어 있는 상황에서 활용하는 것을 추천한다.

'꼬들' 게임 방법

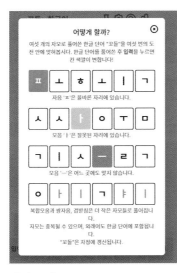
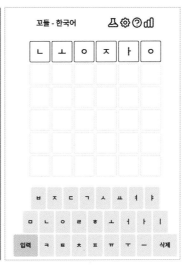

① '꼬들' 사이트에 접속하면 꼬들 게임에 대한 정보를 확인할 수 있다.

② 6개의 음운을 조합하여 단어를 만들고 '입력'을 눌러 정답을 확인한다.

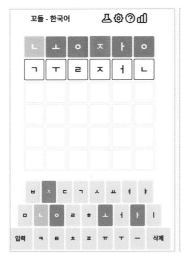
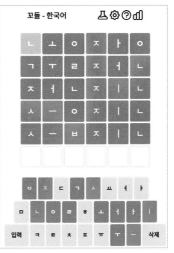

③ 초록색(사진은 분홍색)으로 표시된 음운은 해당 자리가 맞는 음운을 나타내고,
노란색(사진은 연분홍색)으로 표시된 음운은 사용되었으나 위치가 맞지 않는 경우를 나타낸다.
이러한 규칙을 활용하여 정답을 맞힐 때까지 반복하면 된다.
- 단, 하루에 한 단어만 제시되며 기회는 6번뿐이다.

ㄹ) 단어 유사도 추측 게임으로 어휘력 향상하기

단어 학습에 있어서 단어들의 의미 관계를 아는 것은 굉장히 중요하다. 심지어 국어 모의고사 및 수능 문제에서도 '유사어'를 묻기도 하며, 비슷한 듯하지만 다른 단어 간의 의미를 명확하게 알고 있는가를 묻기도 한다. 물론 단어들의 의미 관계를 아는 것이 시험과 관련이 있기 때문에 중요한 것만은 아니다. 일상생활에서 풍부하게 어휘를 활용하고, 미묘한 상황 맥락의 차이를 반영하여 상황에 적절한 어휘를 사용하기 위해서도 단연 중요하다. 이러한 단어의 의미 관계에 대해 학습하면서도 어휘력을 향상하기 위해 '꼬맨틀' 게임을 사용해 볼 수 있다. '꼬맨틀'은 단어 유사도를 추측하는 게임이다.

아무런 정보 없이 오늘의 단어를 맞추기 위해 '명사, 동사, 형용사' 등 모든 품사의 단어를 제시해야 하며, 의미·맥락적으로 유사도가 더 높은 단어를 찾기 위해 많은 단어를 제시해야 한다. 이처럼 학생들에게 많은 어휘 정보를 요구하고 답을 찾는 과정에서 사전의 유의어, 반의어 등을 찾아보고 학습하게 할 수 있어 유용하다.

단어를 맞추는 것이 쉽지 않으므로 학급 단위에서 모두 함께 머리를 맞대는 것을 추천한다.

'꼬맨틀' 게임 방법

① '꼬맨틀' 사이트에 접속하면 오늘의 단어와 관련된 정보가 나온다.

② 추측할 단어를 입력하고 유사도를 확인하며 오늘의 단어를 맞추면 된다.

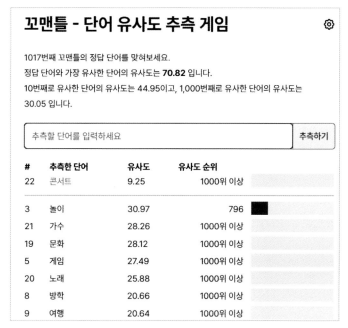

왼쪽의 '#'은 몇 번째로 제시한 단어인지를 나타내며, '유사도'가 높을수록 유의미하다.
(정말 힘들다면 '포기하기'를 누르고 '새로 고침'을 해서 정답을 확인할 수 있다.)

2장

듣기·말하기

사용 AI | 챗GPT | 뤼튼 | 클로바더빙 | 클로바노트 | 감마

1) 토의하기

Step 1. 생성형 AI와 함께 수업 준비하기

듣기·말하기 영역의 수업이라고 해서 문자 언어는 배제한 채 음성 언어만으로 수업을 설계할 수는 없다. 오히려 언어 사용의 실제성과 유기성을 고려했을 때 영역 간 연계성이 확보되도록 수업을 설계하고 운영하는 것이 바람직하다. 다만, 듣기·말하기 영역에 해당하는 수업인 만큼 학생들이 실제로 음성 언어를 활용한 의사소통을 경험해 보도록 수업을 설계하는 것이 중요하다.

먼저, 토의와 토론은 학생들이 자주 개념을 혼동하는 의사소통 유형들이다. 특히 토의 수업을 할 때, 학생들이 토의의 개념을 제대로 이해하지 못하고 토론을 하려는 경우가 정말 많다. 토의 주제를 정할 때 토론 주제에 적합한 주제를 정하는 경우, 실제 토의를 할 때 상대방의 의견에 무조건 반박하려고 하는 경우 등 토의와 토론의 개념을 명확히 해 두지 않으면 여러 문제가 발생한다. 생성형 AI의 도움을 받아 학생들이 토의의 개념을 이해하고 있는지 확인하는 문제를 생성하기 위해 아래 예시를 활용할 수 있다.

[역할 부여] 너는 중학교 국어 교사이고 토의하기 수업을 하려고 해.

[학생 특성] 학생들은 토의와 토론의 개념을 구별하지 못하고 토의가 무엇인지 정확히 알지 못하는 상태야.

[교과 지식] 토의는 협력적인 말하기이고 의견 교환의 과정이며, 토론은 경쟁적인 말기이고 설득의 과정이야. 토의의 개념은 '공동의 문제를 합리적으로 해결하기 위해 여러 사람이 의견을 주고받는 협력적인 말하기'야.

[구체적인 조건] 학생들에게 간단한 상황을 제시하고 토의가 필요한 상황인지 토론이 필요한 상황인지 맞혀 보라는 문제를 통해 토의의 개념을 이해했는지 확인해 보려고 해. 문제를 3가지 만들어 주고 정답과 설명도 함께 제시해 줘.

[AI의 답]

문제 1
- 상황: 학교에서 새로운 급식 메뉴를 정하기 위해 학생들이 의견을 나누고 있습니다. 각자 좋아하는 음식을 이야기하고, 서로의 의견을 듣고 조정하여 최종 메뉴를 결정합니다.
- 질문: 이 상황은 토의인가요, 토론인가요?
- 정답: 토의입니다.
- 설명: 학생들이 서로의 의견을 주고받으며 협력적으로 메뉴를 결정하는 과정이므로, 이는 토의에 해당합니다.

문제 2
- 상황: 두 팀이 학교에서의 스포츠 대회 개최 여부에 대해 찬성과 반대의 입장을 가지고 서로를 설득하기 위해 논쟁하고 있습니다.
- 질문: 이 상황은 토의인가요, 토론인가요?
- 정답: 토론입니다.
- 설명: 서로 다른 입장을 가진 두 팀이 상대방을 설득하기 위해 경쟁적으로 의견을 제시하는 과정이므로, 이는 토론에 해당합니다.

문제 3
- 상황: 지역사회의 환경 문제를 해결하기 위해 주민들이 모여서 각각의 의견을 나누고, 문제 해결을 위한 아이디어를 모으고 있습니다.
- 질문: 이 상황은 토의인가요, 토론인가요?

- 정답: 토의입니다.
- 설명: 주민들이 공동의 문제를 해결하기 위해 서로의 의견을 나누고 협력하는 과정이므로, 이는 토의에 해당합니다.

이처럼 토의는 토론과 다르게 경쟁이 아닌 협력적 의사소통이며 공동의 문제 해결을 위한 최선의 해결책 도출이 목적이라는 점을 학습하게 하는 데에 효과적이다. 마찬가지로 토론의 개념을 학습시키는 데에도 위 프롬프트를 그대로 활용할 수 있다. 이러한 프롬프트를 활용해 개념 확인용 문제를 생성한 후 교사가 이를 수정하는 방식을 사용하면, 학생들이 토의나 토론의 개념을 효율적으로 익힌 뒤 본격적인 수업에 들어갈 수 있을 것이다.

다음으로, 토의 수업은 학생들이 의견 조정하기, 문제를 해결하는 대안 마련하기 등을 학습할 것을 목표로 한다. 이를 위해 문제 해결 과정이 잘 드러난 토의 예시를 제시해 줌으로써 학생들이 무엇을 어떻게 수행해야 하는지 그 방향을 명확하게 알려 주는 것이 효과적이다. 교과서에서 문자 언어로 된 토의 대본[1] 예시를 본문 제재(題材)로 제시하고 있으나, 분량이 많고 교과서당 하나의 제재만이 제공되고 있어 한계가 있다. 이럴 때 생성형 AI의 도움을 받으면 적절한 분량의 토의 대본 예시를 쉽게 생성할 수 있다. 활용할 수 있는 예시는 다음과 같다.

[역할 부여] 나는 **중학교 1학년 학생**을 가르치는 국어 교사야.
[학습 목표] 학생들에게 토의하기를 가르치려고 해. 내가 가르칠 학생들은 토의와 토론을 구별하지 못하고 좋은 토의의 사례를 본 적이 없어서, 좋은 토의 대본을 여러 개 보여 준 후 토의하기 수업을 하고 싶어.
[구체적인 조건] 다음 조건을 지켜서 토의 대본을 제시해 줘.
- 토의 주제는 '청소를 해도 우리 반이 더러운 문제를 어떻게 해결할까?'로 해 줘.
- 토의자들의 의견을 요약 및 정리하고, 해결책 도출을 도와주는 사회자의 역할이 잘 드러나게 해 줘.

---

1) '토의 대본'은 문자 언어로 된 토의 예시를 뜻한다. 대본이라는 단어는 일반적으로 연극, 방송, 발표 등에서 사용되는 문자 언어로 된 준비 자료를 의미하기 때문에 여기서는 글로 작성된 토의문을 나타낸다.

- 토의자는 3명으로 하고, 의견과 근거를 함께 제시해 줘.
- **토의자들이 한 번씩 각자의 의견과 근거를 제시한 후에, 최선의 해결책을 도출하기 위해 서로 의견을 조정하는 의견 교환 과정이 잘 드러나게 해 줘.**

 [AI의 답]

사 회 자 : 안녕하세요, 여러분! 오늘 우리는 '청소를 해도 우리 반이 더러운 문제를 어떻게 해결할까?'라는 주제로 토의를 진행하겠습니다. 각자 의견을 나누어 보도록 하죠. 먼저, 토의자 A부터 시작해 주세요.

토의자 A: 저는 청소를 더 자주 했으면 좋겠어요. 지금은 매주 금요일에만 청소하는데, 그때마다 너무 더러워져요. 그래서 매주 수요일에도 청소하는 것이 좋을 것 같아요. 청소를 더 자주 하면 더러운 문제를 줄일 수 있을 거예요.

토의자 B: 좋은 의견이에요, A! 하지만 청소를 자주 한다고 해도 점검이 없으면 의미가 없을 것 같아요. 청소 후에는 각자 청소한 부분을 점검하는 시간을 가져야 해요. 점검은 매주 금요일 청소 후에 10분 정도 하는 것이 좋겠어요. 서로 확인하고 부족한 점을 고치는 게 중요하니까요.

토의자 C: 두 분의 의견 모두 좋네요! 그러나 청소를 맡는 학생들이 항상 같으면 불만이 생길 수 있어요. 그래서 청소 책임을 공평하게 분담하는 것이 필요하다고 생각해요. 랜덤으로 청소 담당을 정하면 모두가 책임감을 느낄 수 있을 것 같아요.

사 회 자 : 다양한 의견이 나왔네요. 각자의 의견을 요약해 보겠습니다. A는 매주 수요일과 금요일에 청소를 하자는 의견을 냈고, B는 청소 후 점검이 필요하다고 주장했습니다. C는 청소 책임을 공평하게 분담해야 한다고 했어요. 이제 서로 질문하고 의견을 조정해 볼까요?

토의자 A: B, 점검 시간을 정하는 건 좋은데, 얼마나 걸리는 게 적당할까요? 점검이 너무 길면 불편할 것 같은데요.

토의자 B: A의 말이 맞아요. 점검은 10분 정도면 충분할 것 같아요. 각자 청소한 부분을 간단히 확인하고, 부족한 점만 이야기하는 방식으로 하면 좋겠어요.

토의자 C: A, 수요일에 청소를 추가하는 건 좋은데, 청소 담당은 어떻게 정할까요? 매주 바뀌면 혼란스러울 수도 있을 것 같은데요.

토의자 A: 그렇네요, C. 랜덤으로 정하는 것도 좋은데, 미리 정해 놓고 공지하는 방법이 좋을 것 같아요. 그러면 학생들이 미리 준비할 수 있으니까요.

토의자 B: 그러면 매주 금요일에 청소하고, 청소 후 10분 동안 점검하는 방식으로 가면 좋겠네요. 청소 담당은 미리 정해 공지하는 형태로 하면 좋을 것 같아요.

사 회 자 : **각자의 의견을 잘 조정했네요! 최종적으로 매주 수요일과 금요일에 청소하고, 금요일에 청소 후 10분 동안 점검하며, 청소 담당은 미리 정해 공지하는 방식으로 가는 것이 좋겠습니까?**

> 토의자 C: 네, 그렇게 하면 모두가 참여하고, 더 깨끗한 반을 만들 수 있을 것 같아요!
> 사 회 자 : 좋습니다! 오늘의 토의는 여기서 마치고, 정리한 내용을 바탕으로 다음 단계
> 로 나아가면 좋겠네요. 수고하셨습니다!

    어떤 토의 대본을 원하는지에 따라 프롬프트를 조정할 수 있다. 중학교 과정의 토의 수업의 경우, 문제를 해결하기 위한 의견 조정과 대안 마련에 중점을 두고 있다. 따라서 위와 같이 구체적인 조건으로 "토의자들이 한 번씩 각자의 의견과 근거를 제시한 후에, 최선의 해결책을 도출하기 위해 서로 의견을 조정하는 의견 교환 과정이 잘 드러나게 해 줘."를 명확히 제시하였다. 반면, 고등학교 과정의 토의하기 수업의 경우, 토의 의견 조정하기와 문제를 해결하는 대안 마련하기는 이전에 학습하였으므로 판단 준거를 바탕으로 합리적인 대안을 선택하는 것에 중점을 두고 있다. 따라서 구체적인 조건으로 "대안 중 최선의 해결책을 선택하기 위한 판단 준거를 설정하고, 판단 준거를 바탕으로 최선의 해결책을 도출하여 문제를 해결하는 과정이 잘 드러나게 해 줘."를 명확히 제시할 수 있다. 구체적인 조건을 어떻게 제시하느냐에 따라 생성형 AI가 생성하는 토의 대본은 달라진다. 예시는 다음과 같다.

 [역할 부여] 나는 고등학교 1학년 학생을 가르치는 국어 교사야.
[학습 목표] 학생들에게 토의하기를 가르치려고 해. 학생들은 이전까지 의견 조정하기와 문제를 해결하는 대안 마련하기를 학습한 상태야.
[구체적인 조건] 다음 조건을 지켜서 토의 대본을 제시해 줘.
- 토의 주제는 '급식 시간에 잔반이 많이 남는 문제를 어떻게 해결할까?'로 해 줘.
- 토의자는 3명으로 하고, 의견과 근거를 함께 제시해 줘.
- 사회자가 토의자들의 의견을 요약 및 정리하고, 해결책 도출을 도와주는 역할이 잘 드러나게 해 줘.
- 대안 중 최선의 해결책을 선택하기 위한 판단 준거를 설정하고, 판단 준거를 바탕으로 최선의 해결책을 도출하여 문제를 해결하는 과정이 잘 드러나게 해 줘.

[AI의 답]

사 회 자 : 안녕하세요, 여러분! 오늘 우리는 '급식 시간에 잔반이 많이 남는 문제를 어떻게 해결할까?'라는 주제로 토의를 진행하겠습니다. 각자 의견을 나누어 보도록 하죠. 먼저, 토의자 A부터 시작해 주세요.

토의자 A: 저는 급식 메뉴를 개선해야 한다고 생각해요. 현재 메뉴가 학생들이 좋아하지 않는 음식이 많아서 잔반이 많이 남는 것 같아요. 학생들이 선호하는 음식을 조사해서 메뉴를 구성하면 더 많은 학생들이 잘 먹을 수 있을 거예요. 예를 들어, 피자나 떡볶이 같은 인기 있는 음식을 추가하면 잔반을 줄일 수 있을 것입니다.

토의자 B: 좋은 의견이에요, A! 하지만 메뉴만 바꾸는 것만으로는 부족할 것 같아요. 학생들의 의견을 수렴하는 과정이 필요하다고 생각해요. 설문조사를 통해 어떤 음식을 선호하는지, 어떤 음식이 남는지를 파악하면, 더 효과적으로 잔반 문제를 해결할 수 있을 것입니다. 이렇게 하면 학생들이 좋아하는 음식을 제공할 수 있겠죠.

토의자 C: 두 분의 의견 모두 좋네요! 그러나 학생들이 음식의 양을 조절하는 교육도 필요하다고 생각해요. 양을 너무 많이 담으면 잔반이 많이 남게 되니까, 학생들에게 적정량을 스스로 조절하는 방법을 교육하는 것이 중요합니다. 이를 통해 잔반 발생을 줄일 수 있을 것 같아요.

사 회 자 : 다양한 의견이 나왔네요. 각자의 의견을 요약해 보겠습니다. A는 급식 메뉴 개선이 필요하다고 했고, B는 학생들의 의견을 수렴해야 한다고 주장했습니다. C는 음식의 양을 조절하는 교육이 필요하다고 했어요. 이제 이 대안들을 평가하기 위한 판단 준거를 설정해 볼까요?

토의자 A: 판단 준거를 설정하는 건 좋은 생각이에요. 어떤 기준을 두면 좋을까요?

토의자 B: 저는 다음과 같은 기준이 필요하다고 생각해요: 1) 학생들의 선호도, 2) 잔반 감소 효과, 3) 실행 가능성. 이 세 가지 기준을 바탕으로 대안을 평가하면 좋을 것 같습니다.

토의자 C: 맞아요. 그러면 각 대안을 이 기준에 따라 평가해 볼까요?

사 회 자 : 좋습니다! 먼저, 메뉴 개선에 대한 평가를 해 봅시다. A의 의견은 학생들의 선호도를 직접 반영할 수 있어 잔반 감소 효과가 클 것으로 보입니다. 하지만 실행 가능성에 있어서는 예산이나 조리 시간 등의 문제가 있을 수 있습니다.

토의자 A: 맞아요, 예산이 문제가 될 수 있겠네요.

사 회 자 : 다음으로, 학생 의견 수렴에 대한 평가를 해 볼까요? B의 의견은 학생들의 선호도를 정확히 파악할 수 있어 잔반 감소 효과가 높을 것입니다. 실행 가능성도 높습니다. 그러나 설문조사를 진행하는 데 시간과 노력이 필요할 수 있습니다.

토의자 B: 네, 그 점도 고려해야겠네요.

사 회 자 : 마지막으로, 양 조절 교육에 대한 평가를 해 보겠습니다. C의 의견은 학생들
이 스스로 양을 조절할 수 있도록 교육하는 것이니 잔반 감소 효과가 클 것으
로 보입니다. 그러나 실행하는 데 시간이 걸릴 수 있고, 학생들의 참여가 필
요합니다.

토의자 C: 교육이 잘 이루어지면 효과적일 것 같아요.

**사 회 자 : 그러면 이 세 가지 대안을 판단 준거에 따라 종합적으로 평가해 본 결과, 학
생 의견 수렴을 통한 메뉴 개선과 양 조절 교육이 가장 효과적일 것으로 판단
됩니다.**

토의자 A: 두 가지 대안을 함께 진행하면 더 효과적일 것 같아요.

토의자 B: 맞아요! 학생들의 선호를 파악한 후, 양 조절 교육도 병행하면 좋을 것 같습니다.

사 회 자 : 좋습니다! 최종적으로는 학생들의 의견을 수렴한 후, 그 결과를 반영하여 메
뉴를 개선하고, 양 조절 교육을 진행하는 방향으로 가는 것이 좋겠네요. 이렇
게 하면 잔반 문제를 효과적으로 해결할 수 있을 것입니다. 수고하셨습니다!

이처럼 대상 학년, 수업 목표에 따라 프롬프트에 세부적인 조건을 수정하여 본인이
하고자 하는 수업에 딱 맞는 토의 대본을 생성할 수 있다. 또한, 생성형 AI로 생성한
토의 대본 예시를 학생들에게 제공한 후에 아래 활동지 예시를 활용하여 수업을 진행
하면 학생들이 기본적인 토의의 개념 및 특성들을 명확하게 파악했는지 확인할 수 있
다. 토의에 대한 학생들의 기본적인 이해도를 점검한 후에 토의를 직접 수행해 보도
록 지도해야 학생들이 방향성을 잃지 않고 토의를 준비, 실행, 평가할 수 있다.

활동지 예시

1. 다음 <보기>를 읽고, 물음에 답해 봅시다.

> ――――――――――― <보기> ―――――――――――
>
> (생성형 AI로 생성한 토의 대본 예시: 앞의 AI 답변 참고)
>
> 사 회 자 : 안녕하세요, 여러분! 오늘 우리는 '청소를 해도 우리 반이 더러운 문제를 어떻게 해
> 결할까?'라는 주제로 토의를 진행하겠습니다. 각자 의견을 나누어 보도록 하죠. 먼
> 저, 토의자 A부터 시작해 주세요.
>
> 토의자 A: 저는 청소를 더 자주 했으면 좋겠어요. 지금은 매주 금요일에만 청소하는데, 그때
> 마다 너무 더러워져요. 그래서 매주 수요일에도 청소하는 것이 좋을 것 같아요. 청
> 소를 더 자주 하면 더러운 문제를 줄일 수 있을 거예요. … (하략)

① 토의자별 의견과 근거를 정리해 봅시다.

	토의자 A	토의자 B	토의자 C
의견	수요일에도 청소를 해야 한다.	금요일 청소 후 10분 정도 점검을 해야 한다.	랜덤으로 청소 담당을 정해야 한다.
근거	금요일에만 청소를 하는데 그때마다 너무 더러워진다.	청소를 자주 해도 점검이 없으면 의미가 없다.	청소를 맡는 학생들이 항상 같으면 불만이 생길 수 있다.

② 토의의 주제와 토의를 통해 도출된 해결책을 정리해 봅시다.

토의 주제	청소를 해도 우리 반이 더러운 문제를 어떻게 해결할까?
최선의 해결책	매주 수요일과 금요일에 청소하고, 금요일에 청소 후 10분 동안 점검한다. 청소 담당은 미리 정해 공지한다.

2. 토의에 참여한 사회자와 토의자의 역할을 정리해 봅시다.

	역할
사회자	- 토의 주제를 제시한다. - 토의가 원활하게 진행되도록 발언 순서를 정한다. - 토의자의 의견을 요약한다. - 최종적으로 도출된 해결책을 정리하고 회의를 마무리한다.
토의자	- 자신의 의견을 근거를 들어 이야기한다. - 상대방의 의견에 대한 의문점을 제시한다. - 합의를 통해 최선의 해결책을 도출한다.

한편, 토의가 듣기·말하기 영역임을 염두에 두었을 때 학생들이 토의를 학습하면서 음성 언어 의사소통을 경험할 수 있도록 토의 담화 자료[2]를 제시할 수도 있다. 생성형 AI '클로바더빙'은 대본을 입력하면 이를 음성 언어로 변환해 주는 기능을 제공한다. 이 생성형 AI는 문자 언어 기반의 대본을 자연스럽고 다양한 목소리로 음성화할 수 있다는 점에서 토의 수업할 때 유용하다. 목소리 옵션이 다양해서 어린아이나 청소년으로 연령대를 설정하고 토의자 역할마다 '#씩씩한, #차분한, #활기찬' 등의 특성을 설정하여 학생들이 친근하게 느낄 수 있는 토의 담화 자료를 생성할 수 있다. 클로바더빙을 활용하여 토의 담화 자료를 생성하는 방법은 다음과 같다.

✓ 생성형 AI '클로바더빙'으로 토의 담화 자료 만들기

① '클로바더빙' 사이트에 접속하여 '무료로 시작하기' 버튼을 누르고
네이버 계정으로 로그인한 뒤, 다시 한번 '무료로 시작하기' 버튼을 누른다.

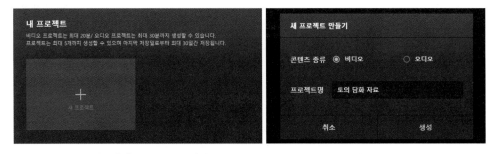

② '+새 프로젝트' 버튼을 누르고, 새 프로젝트를 만든다.

---

2) '담화 자료'는 음성 언어로 된 토의 예시를 뜻하며, 학생들이 듣기를 통해 토의를 더욱 실감 나게 학습할 수 있도록 활용되는 자료를 의미한다.

③ 더빙 추가 탭을 눌러 스크롤을 맨 아래로 내린 뒤
'전체 보이스 보기'를 클릭하고, 사용할 보이스를 고른다.

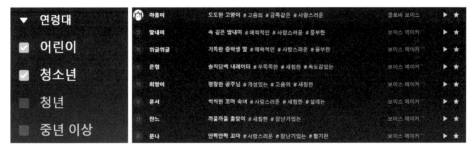

④ 왼쪽 탭에서 연령대를 어린이와 청소년으로 설정한 뒤, 학생들의 토의 담화 자료처럼
들릴 수 있도록 보이스를 선택한다. 이때 즐겨찾기를 설정해 두면 유용하다.

⑤ 사용할 보이스를 선택하고, 토의 대본을 복사하여 붙여 넣는다.
그 후 '+ 더빙 추가' 버튼을 누르면 아래 타임라인에 시간이 표시된다.

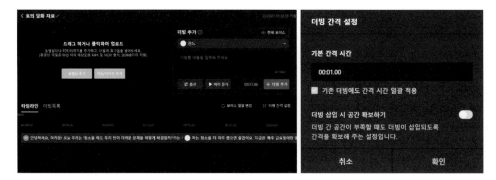

⑥ 이어지는 대본을 붙여 넣으면 타임라인에 위와 같이 표시되는데, 이때 '더빙 간격 설정'을
눌러 음성 간 간격을 고정해 놓으면 더 자연스러운 담화 자료를 만들 수 있다.

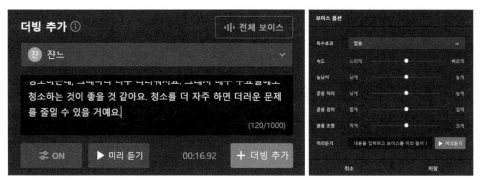

⑦ 'ON' 버튼을 눌러 속도나 볼륨 조절과 같은 보이스 옵션을 조절하여,
의도적으로 개선할 점이 있는 토의 담화 자료를 만들 수도 있다.

⑧ 오른쪽 상단의 '다운로드' 버튼을 누르고, '음원 파일'을 선택하면
MP3나 WAV 형식으로 다운로드할 수 있다.

만약 학생들이 실제 사람이 토의한 담화 자료와의 차이를 크게 느끼고 어색해한다면, 그 원인을 찾아보면서 토의할 때의 올바른 언어적, 준언어적, 비언어적 말하기 특성을 생각해 보는 활동도 유익할 것이다. 앞에서 제시한 토의 대본을 <보기>로 제시한 활동지 예시를 그대로 활용하되, <보기>를 빼고 직접 토의 담화 자료를 들려준 후 활동지를 함께 작성해 볼 수 있다. 이때 '올바른 토의하기 태도'라는 항목을 추가하여 듣기·말하기 영역의 목표를 잘 달성할 수 있도록 지도할 수 있다. 해당 내용이 추가된 활동지 예시는 다음과 같다.

활동지 예시

3. 토의할 때 올바른 말하기 태도를 생각해 봅시다.

① 생성형 AI가 만든 토의 담화 자료가 실제 사람이 토의한 담화 자료와 어떻게 다른지 생각해 봅시다.

- 생성형 AI는 말의 속도가 일정하고 말의 크기도 적절한데, 실제 토의는 말이 너무 빠르거나 목소리가 작아서 안 들린다.
- 생성형 AI는 모든 말이 일정해서 집중이 잘 안 되는데, 실제 토의는 중요한 부분이나 강조하고 싶은 부분이 잘 드러나서 집중이 된다.

② 토의할 때 올바른 언어적, 준언어적, 비언어적 특성을 생각해 봅시다.

언어적 특성	모호하지 않은 단어
준언어적 특성	큰 목소리, 적당한 말의 속도, 중요한 부분에서 강세
비언어적 특성	눈 마주치기, 고개 끄덕이기

③ 올바른 토의하기 태도를 정리해 봅시다.

- 상대방이 잘 알아들을 수 있도록 적절한 크기로 말한다.
- 상대방이 듣기에 무례한 언어를 사용하지 않는다.

Step 2. 생성형 AI와 함께 수업하기

가. 학습 목표 및 수업 설계 의도

토의 수업에서는 모든 듣기·말하기 활동이 그러하듯이 학생들이 토의라는 담화에 능동적으로 참여함으로써 효과적인 의사소통 능력과 비판적 사고력을 함양하고 바람직한 의사소통 태도를 통해 협력적으로 소통할 수 있어야 한다. 그러나 듣기·말하기 활동이자 협력적 활동이라는 특성 때문에 교사 개인이 세세하게 관찰하고 피드백을 제공하기 어려운 면이 있다. 그렇다고 토의하기를 토의문 읽기 또는 토의문 작성으로 대체한다면 국어 교과에서 추구하는 다양한 역량을 기른다고 보기 어려울 것이다. 따라서 학생들의 토의 주제 설정 및 모의 토의 과정에 대한 피드백의 어려움을 생성형 AI를 통해 덜어 보고자 한다.

학습 목표		1. 실제적 문제를 바탕으로 공동체와 연계된 토의 주제를 정할 수 있다. 2. 토의 주제에 대한 합리적인 의견과 근거를 마련할 수 있다. 3. 토의에서 다양한 의견을 교환하여 공동체의 문제를 해결할 수 있다.	
관련 성취 기준	2015	[9국01-04] 토의에서 의견을 교환하여 합리적으로 문제를 해결한다.	
	2022	[9국01-07] 토의에서 다양한 의견을 교환하여 대안을 마련하고 문제를 해결한다. [12화언01-11] 토의에서 주제와 관련된 다양한 자료를 통해 공동체의 문제를 분석하고 합리적으로 해결한다.	
수업 흐름도	차시	교수·학습 내용	교수·학습 평가 계획

	1	• 도입: 토의란?
		• 전개
		  - 토의의 개념 및 특징 학습하기
		  - 토의 예시를 통해 토의의 개념 및 특징 스스로 정리하기
		• 정리: 자기 점검
			• 수업 전반에 대한 관찰 평가
			• 토론과 구별되는 토의의 개념 및 특징에 대한 활동지 평가

수업 흐름도	2~4 (지도안, 활동지 첨부)	• 도입: 토의가 필요한 상황은? • 전개 - 우리 주변에서 실제적 문제 찾기 - 토의 주제를 정할 때 고려할 점 학습하기 - 토의 주제의 요건 학습하기 - 생성형 AI를 활용하여 토의 주제 정하기 - 토의 주제에 대한 의견과 근거 정하기 • 정리: 토의 준비 활동 마무리	• 학생의 토의 주제 정하기 과정에 대한 수시 피드백 진행 • 생성형 AI 활용 과정에 대한 지속적인 관찰 평가 • 생성형 AI를 활용하여 정한 토의 주제에 대한 자기 평가 • 수업 전반에 대한 관찰 평가
	5~8 (지도안 첨부)	• 도입: 토의의 목적은? • 전개 - 토의의 절차와 목적 확인하기 - 모둠별로 모의 토의 준비하기 - 생성형 AI를 활용하여 모의 토의하기 - 실제 토의하기 • 정리: 자기 평가 및 동료 평가	• 생성형 AI를 활용한 모의 토의에 대해 피드백 진행 • 점검표를 활용한 자기 평가와 동료 평가 • 실제 토의에 대한 구술 평가

평가 항목	토의하기

활동 요소	• 토의의 개념, 특징, 절차, 목적 등 이해하기 • 토론과 토의 구별하기 • 실제적 문제를 바탕으로 요건에 맞게 토의 주제 정하기 • 토의 주제에 대한 의견과 근거 마련하기 • 의견 조정을 통해 대안 마련하기 • 협력적으로 소통하여 공동의 문제 해결하기

교과 역량	☐ 문화 향유 역량	☑ 공동체·대인관계	☑ 비판적·창의적 사고
	☑ 디지털·미디어 역량	☐ 자기 성찰·계발	☑ 협력적 소통 역량

평가 방법	☐ 서술 논술	☑ 구술 발표	☑ 토의 토론	☐ 프로젝트	☐ 실험 실습
	☐ 포트폴리오	☑ 자기 평가	☑ 동료 평가	☑ 관찰 평가	

평가 방향 (의도)	학생들은 해당 활동을 통해 첫째, 일상생활이나 사회의 실제적 문제를 바탕으로 토의 주제 요건에 맞게 토의 주제를 설정하게 된다. 둘째, 토의 주제에 대한 의견과 근거를 마련한다. 셋째, 토의 참여자들과 협력적으로 소통하여 대안을 마련한다. 넷째, 실제 토의를 수행함으로써 공동의 문제에 대한 최선의 해결책을 도출한다. 이를 통해 토의가 효과적으로 문제를 해결하기 위한 협력적 활동임을 이해하고, 구어 의사소통에 협력적이고 적극적으로 참여할 수 있도록 한다.

평가 요소	• 요건에 따라 토의 주제 설정하기 • 토의 주제에 대한 의견과 근거 마련하기 • 토의 참여자로서 적극적이고 협력적으로 소통하기 • 의견 교환 과정을 통해 합리적으로 문제 해결하기			
구분	배점	채점 기준		
요건에 따라 토의 주제 설정하기	5	5	3	1
		실제적 문제를 바탕으로 요건에 맞게 토의 주제를 설정함.	실제적 문제를 바탕으로 토의 주제를 설정하였으나 요건에 맞지 않는 부분이 부분적으로 있음.	실제적 문제를 바탕으로 요건에 맞게 토의 주제를 설정하지 못함.
토의 주제에 대한 의견과 근거 마련하기	5	5	3	1
		토의 주제에 맞는 의견과 이를 뒷받침하는 근거를 통해 문제를 해결하는 대안을 마련함.	토의 주제에 맞는 의견과 근거를 마련하였으나 문제를 해결하는 데 부분적으로 미흡함.	토의 주제에 맞는 의견과 근거를 마련하지 못함.
의견 교환 과정을 통해 합리적으로 문제 해결하기	5	5	3	1
		의견 교환 과정을 통해 합리적인 대안을 도출하여 문제를 해결함.	의견 교환 과정을 통해 합리적인 대안을 도출하는 데 부분적으로 미흡함.	의견 교환 과정을 통해 합리적인 대안을 도출하지 못함.
토의 참여 자로서 적극적이고 협력적으로 소통하기	5	5	3	1
		협력적 사고 과정을 통해 토의 참여자로서 효과적으로 문제를 해결하는 데 적극적으로 기여함.	협력적 사고 과정을 통해 토의 참여자로서 문제를 해결하는 데 기여함.	토의 참여자로서 문제를 해결하는 데 기여하지 못함.

나. 수업 들여다보기

① 3차시: 토의 주제 정하기

학습 목표	1. 실제적 문제를 바탕으로 공동체와 연계된 토의 주제를 정할 수 있다. 2. 토의 주제에 대한 합리적인 의견과 근거를 마련할 수 있다.		차시	2~4차시/ 8차시
학습 단계	학습 내용	교수·학습 활동		지도상의 유의점
도입	동기 유발	• 토의가 필요한 상황 제시하기 - '놀이공원에서 친구들끼리 먼저 타고 싶은 놀이기구가 다르면 어떻게 해야 할까?'라는 교사의 발문을 통해 토의의 개념을 점검한다. - 토의는 공동의 문제를 해결하기 위한 협력적 말하기임을 알고, 우리 주변에서 토의가 필요한 상황을 더 떠올려 본다.		• 토의와 토론을 헷갈리지 않는지 개념 확인에 유의한다.
전개 1	실제적 문제를 바탕으로 토의 주제 정하기	• 공동체의 실제적 문제를 찾기 - 학생들이 가장 많이 생활하는 장소인 학교에서 평소 문제라 여겨 해결하고 싶었던 것을 떠올려 본다. • 토의 주제를 정할 때 고려할 점 이해하기 - 토의 주제를 정할 때 고려할 점을 안내하여 여러 가지 문제점 중 토의 주제가 될 수 있는 것과 될 수 없는 것을 구별해 보도록 한다. • 토의 주제의 요건 이해하기 - 여러 사람이 함께 고민해야 하는 문제인지, 친구들이 관심과 흥미를 가지고 있는 주제인지, 우리가 해결할 수 있는 문제인지를 점검한다. • 토의 모둠 형성하기 - 토의의 사회자와 토의자의 역할에 대해 이해하며 하고 싶은 역할에 자원하여 토의 모둠을 형성한다. • 관련 활동지 작성하기 • 생성형 AI를 활용하여 토의 주제 정하기 - 토의 모둠에서 정한 여러 토의 주제를 생성형 AI를 통해 점검해 본다. - 생성형 AI가 제공한 피드백을 바탕으로 모둠원들과 고민하여 최종 모둠 토의 주제를 선정하고, 활동지를 작성한다.		• 역할을 미리 정해 1모둠별 1사회자로 만든다. • 생성형 AI가 제시한 결과를 반드시 수용해야 할 정답으로 받아들이기보다는 참고할 피드백으로 받아들이도록 안내한다.

전개 2	토의 주제에 대한 의견과 근거 정하기	• 모둠별로 토의 주제 검토하게 하기 - 모둠별로 선정한 최종 토의 주제에 대해 이야기하며 다양한 의견을 나눈다. • 의견과 근거 마련하기 - 자신이 맡은 역할을 재확인하고 자신의 의견과 근거를 합리적으로 마련한다.	• 생성형 AI를 활용하지 않고 학생들이 스스로 자료 수집을 통해 대안을 마련할 수 있도록 한다.
정리	토의준비 활동 마무리	• 활동지를 제출하고 다음 차시에 모의 토의를 할 것임을 안내한다.	

1단계		2단계		3단계		4단계
토의 대본/영상 예시를 통해 토의 개념과 특성 학습하기	⇨	학교나 사회에서 마주한 실제적 문제 떠올리기	⇨	생성형 AI를 활용하여 토의 주제 선정하기	⇨	토의 주제에 대한 합리적인 의견과 근거 마련하기

1~4차시의 과정에서 교사는 학생들이 해결하고 싶은 문제를 토의 주제로 잘 표현했는지, 토의 주제로 선정할 만한 문제를 골랐는지를 수시로 관찰하며 피드백을 제공해야 한다. 그러나 특히 3차시에서 한 명의 교사가 모든 학생에게 시기적절한 피드백을 주기란 쉽지 않다. 일반적으로 5~6개의 모둠별로 진행되는 토의 주제 선정 과정을 교사가 동시에 관찰하는 것이 불가능하고, 모둠마다 진행 속도가 크게 다르기 때문이다. 이럴 때 생성형 AI와 함께 수업을 진행하면 수월하게 수업을 진행할 수 있다.

3차시에는 학생들이 이전 차시에 모둠별로 상의한 문제들을 점검하고, 최종 토의 주제를 선정하는 활동을 진행한다. 먼저, 모둠별로 토의 주제가 될 수 있을 만한 문제들을 골라 토의 주제 요건에 맞게 토의 주제로 표현한다. 그 후 생성형 AI에 해당 토의 주제가 적절한지 질문하고 그 답변을 바탕으로 최종 토의 주제를 선정한다. 생성형 AI에 토의 주제에 대해 질문하는 방법은 여러 가지가 있는데, 기준에 따라 토의 주제의 적절성을 평가하는 방법으로 수업을 구성했다. 이러한 흐름이 반영된 활동지 예시는 다음과 같다.

활동지 예시

1. 다음 <보기>를 참고하여 우리 주변에서 일어나는 여러 문제 중 해결하고 싶은 것을 떠올려 보고 토의 주제로 표현해 봅시다.

<보기>

<토의 주제를 정할 때 고려할 점>

① 여러 사람이 함께 고민해서 해결책을 찾아야 할 문제인지
② 친구들이 관심과 흥미를 가지고 있는 주제인지
③ 우리가 해결할 수 있는 문제인지

<토의 주제의 요건>

④ 의문문의 형식으로 표현해야 한다.
⑤ 질문에 '예, 아니오' 외의 다른 답도 가능하게끔 표현해야 한다.
⑥ 한쪽의 의견으로 치우치거나 편향되어서는 안 된다.
⑦ 모호하지 않고 명확하고 간결하게 표현해야 한다.

1부
2부
3부

2장 듣기·말하기

• 상벌점제를 폐지해야 할까?
• 깜박하고 교과서를 챙겨 오지 않았을 때 어떻게 대처해야 할까?
• 급식실에 잔반이 너무 많이 남는 문제를 어떻게 해결해야 할까?

2. 생성형 AI의 답변을 바탕으로 토의 주제가 적절한지 점검해 봅시다.

예시	
AI에 질문한 토의 주제	학교 운동장에 잔디를 깔려면 어떻게 해야 할까?
AI의 답변 요약	3번 기준에 한계가 있다.
AI의 답변을 바탕으로 토의 주제 평가하기	적절하지 않다. 우리가 스스로 해결할 수 있는 토의 주제가 아니기 때문이다. 학생들의 힘으로 해결할 수 있는 토의 주제를 고민해 봐야 한다.

구분	1번	2번	3번
AI에 질문한 토의 주제	상벌점제를 폐지해야 할까?	깜박하고 교과서를 챙겨 오지 않았을 때 어떻게 대처해야 할까?	급식실에 잔반이 너무 많이 남는 문제를 어떻게 해결해야 할까?
AI의 답변 요약	3번, 5번 기준에 한계가 있다.	적절하다.	적절하다.

AI의 답변을 바탕으로 토의 주제 평가하기	'예, 아니오'로 대답하게 되어 구체적인 이유와 대안을 논의할 수 없다는 점에서 적절하지 않다.	다만, AI의 의견과 달리 모든 학생이 관심과 흥미를 가질 만한 주제일까?	이 주제는 학생들의 적극적인 참여를 유도할 수 있으며, 실질적인 대안을 모색하는 데도 유용하다.

3. 최종 토의 주제를 선정해 봅시다.

최종 토의 주제	급식실에 잔반이 너무 많이 남는 문제를 어떻게 해결해야 할까?
선정 이유	토의 주제의 요건을 모두 만족함. 학교 구성원 모두가 흥미를 갖고 해결책을 찾을 수 있는 문제임. 우리의 힘으로 문제를 해결할 수 있는 여지가 있음.

학생들이 토의 주제를 표현할 때 가장 많이 실수하는 것은 의문형으로 문장을 종결하지 않는 것, 학생들이 스스로 해결할 수 없는 차원의 문제를 토의 주제로 선정하는 것이다. 특히 학생들이 스스로 해결할 수 없는 문제를 토의 주제로 선정하게 되면, 의견과 근거를 마련하는 데에 한계가 있어 토의를 제대로 진행하기 어렵다. 따라서 처음부터 제대로 된 토의 주제를 선정하는 것이 중요하다. 학생들이 생성형 AI의 도움을 받아 토의 주제를 점검하면 토의 주제를 정할 때 고려할 점과 토의 주제의 요건을 더욱 명확히 이해할 수 있다. 어떤 점에서 기준에 맞지 않는지, 적절한 토의 주제가 무엇인지 감을 잡기가 쉽다는 것이다.

이때 생성형 AI의 답변을 그대로 옮겨 적기만 하면 끝인 활동이 되지 않도록 활동지를 구성하는 것이 중요하다. 생성형 AI의 답변을 토대로 토의 주제를 평가하게 하여 해당 토의 주제에 대한 적절성을 모둠원들끼리 한 번 더 고민해 보도록 하고, 최종 토의 주제를 선정했을 때도 그 이유를 상세히 설명하도록 하는 것이 좋다. 마지막에 모둠별로 최종 토의 주제와 선정 이유를 발표하게 하면 학생들이 선정 이유에 대해 더 신중히 고민하게 할 수 있다.

또한, 생성형 AI의 도움을 받아 토의 주제를 점검하게 하면 최종 토의 주제의 질을 높일 수 있어 교사의 피드백 부담을 줄일 수 있다. 효율적인 피드백 제공을 위해 다음의 프롬프트 예시를 활용할 수 있다. 프롬프트의 길이가 긴 이유는 사전에 생성형 AI 를 학습시켜 교사의 수시 피드백 없이 진행되게 하기 위함이다. 아예 챗봇을 만들어 활용하는 방법도 유용한데, 이는 뒷장의 '추가 TIP!'에 상세히 설명되어 있다.

 [역할 부여] 너는 국어 선생님이야. 토의하기 수업을 진행하고 있고, 토의 주제 정하기 활동에서 피드백을 제공해 주는 역할을 수행해야 해. 학생들이 토의 주제 예시를 보내면 토의 주제 예시에 대한 피드백을 제공해야 해.

[구체적인 예시] 예를 들어, '급식 시간 음식물 쓰레기를 줄여야 한다'라고 보내면 '급식 시간 음식물 쓰레기를 줄여야 한다'에 대한 피드백을 제공해 주는 거지. 피드백 내용을 설명할게. 7가지 기준에 따라 피드백을 줘야 해.

> 1. 한 사람이 아니라 여러 사람이 함께 고민할 만한 문제인지
> 2. 학교 친구들이 모두 관심과 흥미를 가질 주제인지
> 3. 학생들이 해결하는 것이 가능한 문제인지

를 점검하고 피드백 줘야 해.

[구체적인 예시] 예를 들어, '학교 화장실 환풍기를 어떻게 교체할 수 있을까?'는 학교 예산이 들 수 있는 문제라 학생들이 당장 해결하기 어렵고, 환풍기 교체를 학생들이 스스로 할 수도 없기 때문에 3번 기준에 맞지 않아.

> 4. 의문문으로 표현됐는지
> 5. '예, 아니오' 말고 여러 가지 답이 가능한 질문인지
> 6. 편향되거나 한쪽으로 치우친 질문인지
> 7. 모호하지 않고 명확하고 간결하게 표현했는지

도 점검하고 피드백 줘야 해.

[구체적인 예시] 예를 들어, '급식 시간에 음식물 쓰레기를 줄여야 한다.'는 의문문으로 표현되지 않아서 4번 기준에 맞지 않아. '우리 학교는 좋은 학교일까?'는 '예, 좋은 학교입니다. 아니오, 좋은 학교가 아닙니다'처럼 '예, 아니오' 답변만 가능하기 때문에 5번 기준에 맞지 않아.

[답변의 조건] 만약 누가 <급식 시간 음식물 쓰레기를 줄여야 한다>라고 프롬프트를 제시하면, 내가 앞에 보낸 7가지 기준에 따라 적절한지 적절하지 않은지 답변해 줘. 대신 적절한지 아닌지만 답변하고, 새로운 토의 주제는 추천하지 마.

학생들이 스스로 고민할 수 있는 여지를 남기기 위해 프롬프트에 새로운 토의 주제를 추천하지 않도록 조건을 추가했다. 생성형 AI는 거들기만 하고, 학생들 스스로가 토의 주제 정하기 활동에 주도적으로 참여할 수 있게 해야 한다. 제시된 프롬프트를 생성형 AI에 교사가 미리 제시해 두거나 사전에 챗봇을 제작해 둔 후에 모둠별로 학생들이 토의 주제를 질문하면 다음과 같은 답변을 얻을 수 있다. 실제 학생들이 모둠별로 고민한 토의 주제를 예시로 활용했다.

 학교 운동장에 잔디를 깔려면 어떻게 해야 할까?

 [AI의 답]
'학교 운동장에 잔디를 깔려면 어떻게 해야 할까?'라는 주제에 대해 7가지 기준에 따라 피드백을 드리겠습니다.

한 사람이 아니라 여러 사람이 함께 고민할 만한 문제인지: 이 주제는 여러 학생들이 함께 고민할 수 있는 문제입니다. 운동장은 모든 학생에게 관련이 있으므로 의견을 나눌 수 있습니다.
학교 친구들이 모두 관심과 흥미를 가질 주제인지: 많은 학생이 운동장과 관련된 문제에 관심을 가질 가능성이 높습니다. 특히 운동이나 놀이와 관련된 활동을 즐기는 학생들에게 흥미로운 주제가 될 것입니다.
학생들이 해결하는 것이 가능한 문제인지: 잔디를 깔기 위해서는 학교 예산이나 외부의 도움 등이 필요할 수 있어, 학생들이 직접 해결하기에는 어려움이 있을 수 있습니다. 따라서 3번 기준에는 적합하지 않을 수 있습니다.
의문문으로 표현됐는지: 이 주제는 의문문 형태로 잘 표현되어 있습니다.
예, 아니오 말고 여러 가지 답이 가능한 질문인지: 이 질문은 다양한 답변이 가능하므로 여러 의견을 이끌어낼 수 있습니다.
편향되거나 한쪽으로 치우친 질문인지: 현재 주제는 특정 방향으로 치우치지 않고, 다양한 의견을 유도할 수 있는 개방적인 질문입니다.
모호하지 않고 명확하고 간결하게 표현했는지: '학교 운동장에 잔디를 깔려면 어떻게 해야 할까?'라는 표현은 명확하고 간결하게 잘 표현되어 있습니다.

결론적으로, 이 주제는 적절하지만, 학생들이 직접 해결하기 어려운 부분이 있어 3번 기준에서는 약간의 한계가 있습니다. 추가적인 질문이나 도움이 필요하시면 언제든지 말씀해 주세요!

학교를 더 좋게 바꿀 수 있을까?

 [AI의 답]

'학교를 더 좋게 바꿀 수 있을까?'라는 주제에 대해 7가지 기준에 따라 피드백을 드리겠습니다.

한 사람이 아니라 여러 사람이 함께 고민할 만한 문제인지: 이 주제는 여러 학생들이 함께 고민할 수 있는 문제입니다. 학교 환경은 모든 학생에게 영향을 미치므로 다양한 의견을 나눌 수 있습니다.
학교 친구들이 모두 관심과 흥미를 가질 주제인지: 많은 학생들이 학교 환경 개선에 관심을 가질 가능성이 높습니다. 따라서 흥미를 끌 수 있는 주제입니다.
학생들이 해결하는 것이 가능한 문제인지: '학교를 더 좋게 바꾸는 방법'은 학생들이 의견을 제시하고 논의할 수 있지만, 실제 실행에는 교사나 학교 관리자의 협력이 필요할 수 있습니다. 완전히 해결하기에는 어려움이 있을 수 있습니다.
의문문으로 표현됐는지: 이 주제는 의문문 형태로 잘 표현되어 있습니다.
예, 아니오 말고 여러 가지 답이 가능한 질문인지: 이 질문은 다양한 답변이 가능하므로 여러 의견을 이끌어 낼 수 있습니다.
편향되거나 한쪽으로 치우친 질문인지: 현재 주제는 특정 방향으로 치우치지 않고 다양한 의견을 유도할 수 있는 개방적인 질문입니다.
모호하지 않고 명확하고 간결하게 표현했는지: '학교를 더 좋게 바꿀 수 있을까?'라는 표현은 다소 모호하게 느껴질 수 있습니다. 구체적인 방향이나 측면을 명시하면 더 좋을 것 같습니다.

결론적으로, 이 주제는 전반적으로 적절하지만, 3번 기준에서 실행 가능성에 대한 고려가 필요하고, 7번 기준에서 약간의 모호함이 있어 개선의 여지가 있습니다. 추가적인 질문이나 도움이 필요하시면 언제든지 말씀해 주세요!

이처럼 학생들이 생성형 AI의 답변과 활동지를 활용하여 최종 토의 주제를 선정하게 하면 보다 질 높은 토의 주제 선정하기 수업을 할 수 있다. 이때 교사는 학생들의 모둠 활동 과정을 살펴보며 추가로 피드백을 제공하고, 어려움을 겪는 모둠에 비계를 제공하면 된다.

★ 추가 TIP!

✓ 생성형 AI '뤼튼'으로 토의 주제 선정을 위한 챗봇 만들기

뤼튼의 홈페이지 하단에 있는 '스튜디오' 항목에서는 챗봇을 직접 제작할 수 있다. 챗봇은 생성형 AI를 기반으로 한 글쓰기 도우미로, 미리 설정된 프롬프트에 따라 적절한 답변이나 글을 생성해 주는 도구이다. 교사가 사전에 챗봇을 제작해 두면 학생들에게 프롬프트 입력 방법을 따로 설명할 필요 없이 설계한 수업을 보다 원활하게 진행할 수 있다. 챗봇 제작 방법은 다음과 같다.

〈뤼튼 홈페이지 왼쪽 하단 '스튜디오' 버튼〉

〈좌측 상단 '+ 새 툴/챗봇 만들기' 버튼〉

챗봇 제작 시에는 1단계에서 '이름'과 '소개', '카테고리', '공개 여부' 등을 설정하고 2단계 '내용 구성'에서는 챗봇을 처음 열었을 때 나타나는 시작 화면을 구성한다. 이후 3단계 '프롬프트 작성' 단계에서는 프롬프트를 자세히 작성한다. 학생들과 함께 토의 주제 정하기 수업을 하는 상황을 가정하고 작성해 보면 다음과 같다.

[1단계]

1단계	2단계	3단계	4단계
기본 정보	내용 구성	프롬프트 작성	테스트

아이콘 *   **이름** *

토의 주제 정하기

소개 *

툴 또는 챗봇에 대한 소개를 적어주세요.

토의 주제 정하기 챗봇입니다. 토의 주제를 입력하면 기준에 맞게 피드백을 제공합니다.

카테고리 *

최대 5개까지 선택 가능합니다.

학생 X   교육 X

공개여부 *

공개

[2단계]

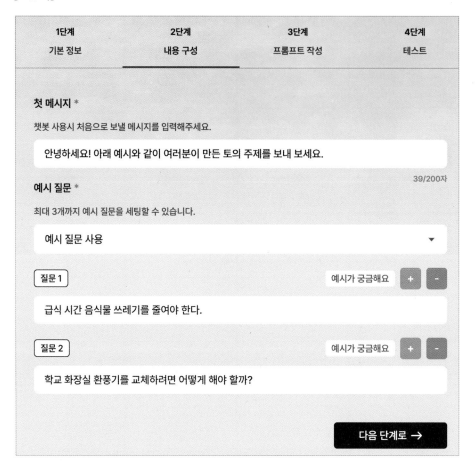

1단계	2단계	3단계	4단계
기본 정보	내용 구성	프롬프트 작성	테스트

첫 메시지 *

챗봇 사용시 처음으로 보낼 메시지를 입력해주세요.

> 안녕하세요! 아래 예시와 같이 여러분이 만든 토의 주제를 보내 보세요.

39/200자

예시 질문 *

최대 3개까지 예시 질문을 세팅할 수 있습니다.

> 예시 질문 사용 ▼

질문 1   예시가 궁금해요 [+] [-]

> 급식 시간 음식물 쓰레기를 줄여야 한다.

질문 2   예시가 궁금해요 [+] [-]

> 학교 화장실 환풍기를 교체하려면 어떻게 해야 할까?

다음 단계로 →

[3단계]

1단계	2단계	3단계	4단계
기본 정보	내용 구성	프롬프트 작성	테스트

프롬프트 구성 난이도 선택

프롬프트 구성의 난이도를 선택해주세요.

비교적 어려움 (템플릿 제공되지 않으며, 프롬프트 작성 자유도가 높음) ▼

프롬프트 구성 *

프롬프트는 모델에 입력되는 문장 혹은 질문입니다. 모델은 프롬프트에 따라 주어진 일을 수행합니다. 지시문과 예제를 활용하여 프롬프트를 작성해 주세요.

AI에게 명령할 내용 *　　　　　　　　　　　　　　　　　　　　　　전체 지우기

너는 국어 선생님이야. 토의하기 수업을 진행하고 있고, 토의 주제 정하기 활동에서 피드백을 제공해 주는 역할을 수행해야 해. 학생들이 토의 주제 예시를 보내면 토의 주제 예시에 대한 피드백을 제공해야 해. 예를 들어 '급식 시간 음식물 쓰레기를 줄여야 한다'라고 보내면 '급식 시간 음식물 쓰레기를 줄여야 한다'에 대한 피드백을 제공해 주는 거지.

피드백 내용을 설명할게. 7가지 기준에 따라 피드백을 줘야 해. '1. 한 사람이 아니라 여러 사람이 함께 고민할 만한 문제인지, 2. 학교 친구들이 모두 관심과 흥미를 가질 주제인지, 3. 학생들이 해결하는 것이 가능한 문제인지'를 점검하고 피드백 줘야 해. 예를 들어 '학교 화장실 환풍기를 어떻게 교체할 수 있을까?'는 학교 예산이 들 수 있는 문제라 학생들이 당장 해결하기 어렵고, 환풍기 교체를 학생들이 스스로 할 수도 없기 때문에 3번 기준에 맞지 않아. '4. 의문문으로 표현됐는지, 5. 예, 아니오 말고 여러 가지 답이 가능한 질문인지, 6. 편향되거나 한쪽으로 치우친 질문인지, 7. 모호하지 않고 명확하고 간결하게 표현했는지'도 점검하고 피드백 줘야 해. 예를 들어 '급식시간에 음식물 쓰레기를 줄여야 한다.'는 의문문으로 표현되지 않아서 4번 기준에 맞지 않아. '우리 학교는 좋은 학교 일까?'는 '예 좋은 학교입니다, 아니오 좋은학교가 아닙니다'처럼 예 아니오 답변만 가능하기 때문에 5번 기준에 맞지 않아. 만약 누가 <급식시간 음식물 쓰레기를 줄여야 한다>라고 프롬프트를 제시하면, 내가 앞에 보낸 7가지 기준에 따라 적절한지 적절하지 않은지 답변해줘. 대신 적절한지 아닌지만 답변하고, 새로운 토의 주제는 추천하지 마.

프롬프트를 작성할 때 유의할 점은 기준에 대한 예시나 설명을 덧붙이는 것이다. 해당 기준을 어떤 식으로 적용해야 하는지 예시를 함께 작성해 주면 정확도가 올라간다.

또한, 4단계 테스트에서 다양한 질문으로 답변을 확인하고 그 결과에 따라 프롬프트를 조금씩 조정하면 보다 정확한 챗봇을 제작할 수 있다. 아래 QR코드는 직접 제작한 '토의 주제 정하기' 챗봇 예시로, 활용해 본 후 수업에 적합하면 사용하고 필요에 따라 직접 제작할 수도 있다.

〈뤼튼의 토의 주제 정하기 챗봇 화면〉

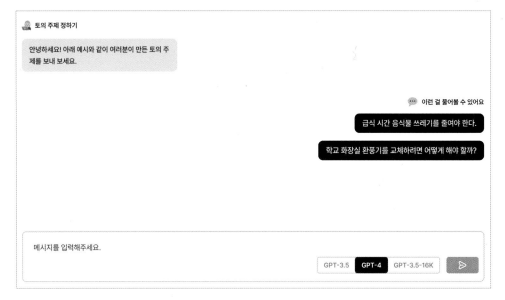

QR check!

② 5~6차시: 모의 토의하기

학습목표		1. 토의에서 다양한 의견을 교환하여 공동체의 문제를 해결할 수 있다.	차시	5~8차시/ 8차시
학습 단계	학습 내용	교수·학습 활동		지도상의 유의점
도입	동기 유발	• 토의의 목적 생각해 보기 - 토의는 공동의 문제 해결을 위한 담화임을 이해한다. • 토의 평가 기준 설명하기 - 토의 평가 계획과 기준을 미리 안내하여 학생 활동을 지원한다.		
전개 1	모둠별로 모의 토의하기	• '클로바노트'와 함께 모의 토의를 해 보도록 안내한다. • '클로바노트'와 함께 모의 토의하기 - '클로바노트'를 켜고 모의 토의를 한 뒤, 기록 및 요약된 내용을 점검하고 조정한다. - 의견과 근거가 잘 드러났는지, 역할을 잘 수행했는지, 의견 교환 과정이 협력적으로 수행되었는지 등을 점검하도록 안내한다. - 실제 토의를 모의 토의보다 잘 수행하기 위해서 모둠원들과 의견과 근거 등을 개선한다.		• '클로바노트'는 연령 제한이 있으므로 중1이 대상일 때는 교사의 계정을 사용한다. • 언어적, 준언어적, 비언어적 특성과 같은 듣기·말하기 태도도 유의하도록 한다.
전개 2	실제 토의 수행하기	• 실제 토의 수행하기 - 모둠별로 자리를 이동하고 실제 토의를 수행한다. • 자기 평가 및 동료 평가 활동지를 통해 토의 과정 전반을 성찰한다.		
정리	활동 마무리	• 최종 결과물을 제출하고 활동 소감을 작성하며 활동을 마무리한다.		

이전 차시에 토의 주제에 대한 의견과 근거를 마련했으면, 이번 차시부터는 모둠별로 모의 토의를 진행할 수 있다. 토의는 공동의 문제 해결을 위한 협력적 의사소통임을 이해했더라도, 막상 토의가 시작되면 서로의 의견을 반박하는 경우가 많다. 또한, 활동지에 자신의 의견과 근거를 꼼꼼히 작성했으나 실제로 토의할 때는 자신의 의견

과 근거를 제대로 말하지 못하는 경우도 많다. 쓰기와 말하기는 분명 구별되는 영역이기 때문이다. 따라서 실제 토의 전에 모의 토의를 수행함으로써 학생들이 먼저 듣기·말하기 활동을 경험하게 해 보는 것이 좋다.

5차시		6차시	
<1~2모둠> 모의 토의 진행하기	<3~5모둠> 모의 토의 관찰하기 의견과 근거 보완하기 ⇨	<3~5모둠> 모의 토의 진행하기	<1~2모둠> 모의 토의 관찰하기 의견과 근거 보완하기

학생들이 의견 교환 과정에 서툰 경우가 많아 대체로 모의 토의는 10분 이내로 진행된다. 그래서 두 차시 동안 충분히 5~6개 모둠의 모의 토의를 진행할 수 있다. 교사는 한 모둠씩 모의 토의 수행을 관찰하고 피드백을 제공한다. 다른 모둠의 학생들은 자신의 의견과 근거를 보완하게 하거나 진행 중인 모의 토의를 관찰하게 하면 된다.

모의 토의를 할 때 활용할 수 있는 생성형 AI인 '클로바노트'는 음성 인식을 기반으로 토의 내용을 글로 변환해 주는 기능을 제공한다. 음성을 실시간으로 문자화할 수 있으며, 요약이나 키워드 추출 기능도 제공한다. 클로바노트를 통해 학생들은 토의한 내용을 다시 한번 검토할 때 유용하게 활용할 수 있으며, 교사는 실제 토의 때 활용하여 음성 기록을 기반으로 평가할 수 있다. 또한, AI 요약 기능은 토의의 개선점을 찾는 데 도움이 된다. 요약된 내용을 보고 의견이나 근거를 강화할 수 있고, 부족한 의견 교환 과정을 보충하여 진행할 수도 있다. 무엇보다 자신의 준언어적 특성 및 말하기 태도를 점검하는 데에도 도움이 된다. 모의 토의 수업에서 스마트폰 앱 클로바노트를 활용하는 방법은 다음과 같다.

✓ 생성형 AI '클로바노트'로 모의 토의하기

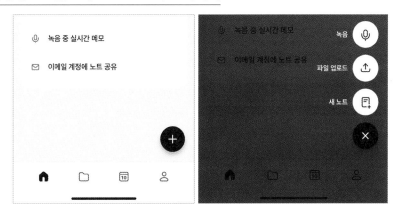

① 클로바노트 앱에 들어가 우측 하단 더하기 버튼을 누르고,
'녹음' 버튼을 누르면 바로 녹음이 시작된다.

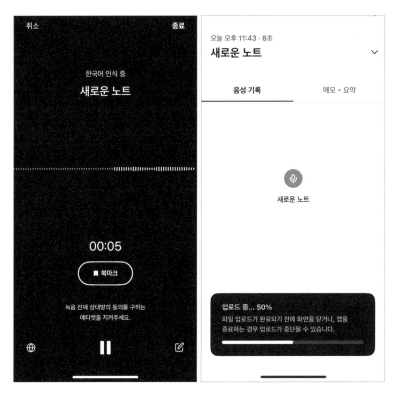

② 녹음이 끝나면 오른쪽 상단 '종료' 버튼을 누르고, 음성 기록 업로드가 완료될 때까지
스마트폰 화면을 닫거나 앱을 종료하지 않는다.

③ 업로드가 완료되면 '음성 기록' 탭에 나타나며, '메모·요약' 탭을 누르면 AI가
음성 기록을 기반으로 핵심 내용을 요약해 주는 버튼이 있다. 이때 AI 요약 기능은
최대 15회까지 가능하며, 요약 횟수는 매달 사용 시간과 함께 갱신된다.

④ AI 요약 버튼을 누르면 토의 단계별로 요약문을 제시해 준다.

음성 기록	**메모·요약**

요약 ⓘ   😊 ∧

00:00~00:42
교실 앞 잡담 방지 방안
- 학생들이 교실 앞에서 잡담을 하지 않도록 유도하기 위한 방안을 주제로 토의를 시작함
- 현황과 문제점, 발생하는 원인을 살펴본 뒤에 구체적인 해결 방안을 제시하도록 함

00:48~02:05
홈베이스의 시설 문제
- 홈베이스의 냉난방기가 구비되어 있지 않아서 춥거나 덥다 그리고 쉬는 시간이 제한적이라 거리상 홈베이스에 가기에 멀다라는 원인이 있었음
- 홈베이스의 시설 문제가 원인 첫 번째 그리고 쉬는 시간이 제한적이라는 것을 원인 두 번째로 놓고 토의를 진행하도록 하겠음

02:10~03:12
쉬는 시간 제한적
- 원인 1에 대한 해결 방안이 모두 되었으므로 원인 2로 넘어가서 쉬는 시간이 제한적이다라는 것에 대한 해결 방안을 내주실 분 손 들고 발표해 주시면 좋을 것 같음
- 쉬는 시간이 10분으로 짧기 때문에 복도에서 쉬는 시간에 한해서만 복도에서 노는 것을 허용하면 좋겠음

03:43~04:33
복도에서 노는 것을 허용하자
- 원인에 대한 첫 번째 해결 방안으로 편안하게 소품을 구비해 놓자라는 의견과 가벽을 설치하자라는 의견이 있었음
- 전기장판을 깔면 가격적으로도 더 싸다고 얘기해 주신 것에 대해 좋다고 생각함
- 쉬는 시간이 제한적이다라는 것에 대해서는 쉬는 시간에 한해서만 복도에서 노는 것을 허용하자는 의견을 내주셨음

⑤ AI 요약문을 보며 학생들이 토의 과정 및 자신의 의견 및 근거를 보완하여 실제 토의를 준비하도록 한다.

★ 추가 TIP!

✓ 더 자세한 클로바노트 사용법

'클로바노트'는 연령 제한이 있어 중학교 1학년 학생이 직접 활용하기에 어려움이 있다. 그럴 땐 교사의 계정으로 로그인해서 수업에 활용하면 된다. 클로바노트는 스마트폰이나 태블릿, PC에서 모두 사용이 가능하다. 먼저, 모의 토의하는 학생들 근처에 전자 기기를 두고 교사의 계정으로 로그인 된 클로바노트로 토의를 녹음한다. 그런 다음, 음성 기록을 복사하거나 링크를 공유해서 패들렛(Padlet)이나 띵커벨(Thinkerbell) 등의 협업 플랫폼에 올려 학생들과 공유한다. 자세한 방법은 다음과 같다.

1부

2부

3부

2장 듣기·말하기

스마트폰으로 '클로바노트' 앱 사용 시

〈음성 기록 복사하기〉

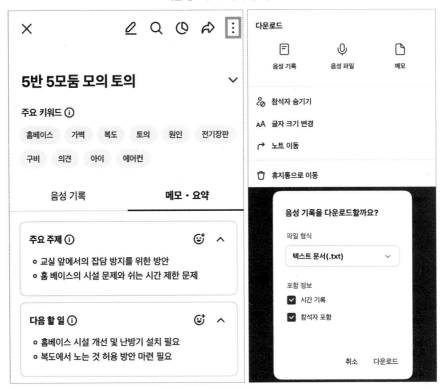

① 오른쪽 상단 점 세 개를 누른다.

② '음성 기록'이나 '메모'를 누르면 다운로드 화면이 뜬다. 파일 형식을 선택하고 다운로드 버튼을 눌러 학생들에게 공유한다. (이때 '메모'는 AI 요약문을 의미한다.)

〈링크 공유하기〉

① 오른쪽 상단 화살표를 누른다.

② 비밀번호 설정 유무를 선택하고, 링크를 복사하여 모의 토의를 진행한 학생들에게 공유한다.

(단, 네이버 계정이 있어야 링크를 공유받아 클로바노트를 확인할 수 있다.)

PC로 '클로바노트' 사이트 사용 시

① 오른쪽 상단 '개인용 시작하기'를 누르고 네이버 계정으로 로그인한다.

② 왼쪽 상단 마이크 모양 버튼을 눌러 녹음을 하고 완료되면 오른쪽 상단 '공유' 버튼을 누른다.

③ 스마트폰으로 클로바노트 앱을 사용했을 때와 마찬가지로 비밀번호 설정 유무를
선택하고 링크를 복사하여 학생들에게 공유한다.

ㄹ) 발표하기

Step 1. 생성형 AI와 함께 수업 준비하기

발표는 2022 개정 교육과정의 고등학교 공통 국어에 성취 기준이 새로 추가된 만큼 그 중요성이 더 강조되고 있고, 다른 교과에서도 교수·학습 방법으로 흔히 사용되는 범교과적인 담화 유형이다. 발표하기 학습 경험을 통해 적절한 듣기·말하기 전략을 수행함으로써 타 교과 학습의 기본이 되는 국어 능력을 신장할 수 있어야 한다.

먼저 발표는 학생들이 꺼리는 담화 유형 중 하나이다. 홀로 앞에 서서 말해야 한다는 부담감 때문에 말하기 불안을 겪기도 한다. 2015와 2022 개정 교육과정 모두 듣기·말하기 내용 체계에 '말하기 불안에 대처하기'를 말하기 전략으로 제시한 만큼, 수업 초반에 말하기 불안에 대처하기 전략을 미리 학습하는 것이 효과적이다. 생성형 AI를 통해 말하기 불안에 대한 수업을 손쉽게 준비할 수 있다. 활용할 수 있는 예시는 다음과 같다.

[역할 부여] 나는 중학교 국어 선생님이야. 중2 학생들을 대상으로 발표하기 수업을 하려고 해.

[학생 특성] 그런데 학생들은 발표하기를 두려워하고, '말하기 불안'이라는 증상을 겪기도 해.

[구체적인 조건] 그래서 학생들에게 '말하기 불안'에 대한 정보를 알려줌으로써 발표하기에 대한 두려움을 조금이나마 해소하게 하고 싶어. 먼저 '말하기 불안' 증상의 종류를 자세히 알려 줘. 그리고 '말하기 불안'의 원인과 원인별 해소 방법을 구체적으로 알려 줘. 학생들이 직접 그 해소 방법을 활용할 수 있도록 말이야. 마지막으로는 발표하기와 관련된 꿀팁도 소개해 줘.

[AI의 답]

1. 말하기 불안 증상의 종류

1) 신체적 불안

- 증상: 심장이 빠르게 뛰거나 손에 땀이 나는 등 긴장 상태에서 몸이 반응하는 것

- 예시: 발표 직전에 얼굴이 빨개지거나 목소리가 떨림.

2) 인지적 불안

- 증상: 머릿속에서 부정적인 생각이 떠올라 집중하기 어려운 것

- 예시: "내가 틀리면 어떡하지?", "사람들이 날 이상하게 보면 어쩌지?"라는 생각
3) 행동적 불안
- 증상: 불안으로 인해 행동이 위축되거나 비정상적인 패턴을 보이는 것
- 예시: 시선을 바닥에 고정하거나 말을 더듬음.

2. 말하기 불안의 원인과 원인별 해소 방법

원인	설명	해소 방법
실수에 대한 두려움	"발표 중에 틀리면 창피할 거야"라는 두려움	- 완벽한 발표가 필요하지 않음을 이해하기 - 실수했을 때 "다시 한번 설명할게요"라고 차분히 대응하는 연습
타인의 평가에 대한 두려움	친구들이 나를 비판할까 봐 두려움	- 자기 자신을 긍정적으로 바라보기 - 긍정적인 피드백을 주고받는 발표 환경 조성
준비 부족	준비가 부족하다고 느껴 긴장함	- 철저히 준비하고 연습 - 주요 내용을 간단히 적어 발표 노트를 활용
부정적 경험	과거에 발표를 하다 실수한 경험으로 두려움이 생김	- 작은 성공 경험 쌓기 - 부담 없는 주제로 짧은 발표부터 시작
청중과의 상호 작용에 대한 두려움	질문에 답하지 못할까 봐 걱정	- 예상 질문을 미리 준비 - 질문에 답할 때는 시간을 갖고 차분히 생각하기

3. 발표 꿀팁
1) 발표 전에 심호흡하기
긴장을 줄이고 몸과 마음을 차분히 가라앉힐 수 있습니다.
2) 시선 나누기
청중 전체를 바라보는 것처럼 시선을 조금씩 옮깁니다.
3) 적절한 속도로 말하기
천천히 또박또박 말하면 청중이 이해하기 쉬워지고 자신감도 느껴집니다.
4) 사전 연습
친구들 앞에서 발표를 연습하며 피드백을 받아 보세요.
5) 긍정적 마인드
"나는 이 발표를 잘할 수 있다"고 스스로에게 말하며 긍정적인 생각을 가져 봅니다.

이렇게 말하기 불안 관련 수업에 대한 기본 토대를 마련하고 나서, 보충 또는 심화가 필요한 부분만 교사가 추가로 준비하면 수업 준비를 효율적으로 할 수 있을 것이다. 뤼튼이나 챗GPT 등의 대화형 생성형 AI를 통해 말하기 불안과 관련된 수업 내용

을 준비한 뒤에는, 글을 입력하면 자동으로 PPT 형식의 프레젠테이션을 만들어 주는 생성형 AI인 'Gamma(이하 감마)'나 'miricanvas(이하 미리캔버스)'를 활용하여 수업 자료를 생성할 수 있다. 감마의 사용법과 그 결과물을 예시로 제시하면 다음과 같다. 이때 결과물 예시는 위에서 챗GPT에 프롬프트를 입력하여 생성한 말하기 불안과 관련된 수업 내용을 그대로 감마의 프롬프트로 입력하여 프레젠테이션을 생성한 것이다.

✓ 생성형 AI '감마'로 수업 자료 생성하기

① 감마 홈페이지에서 '무료로 가입하기' 버튼을 누르고, 구글 계정으로 로그인한다.

② '+ 새로 만들기' 버튼을 누른다.

③ 입력할 프롬프트가 있는 경우이므로 '텍스트로 붙여넣기' 버튼을 누른다.

④ 프레젠테이션으로 만들고 싶은 내용을 붙여 넣는다.

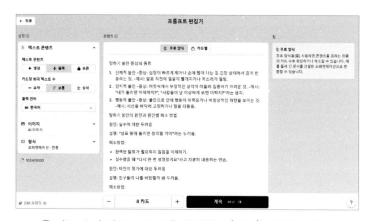

⑤ 카드 수나 텍스트 수 등을 설정하고 '계속' 버튼을 누른다.

⑥ 원하는 테마를 고른 후 '생성' 버튼을 누른다.

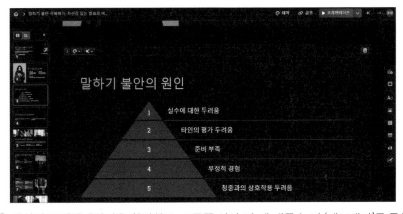

⑦ 완성된 프레젠테이션을 확인하고, 오른쪽 상단 점 세 개를 눌러 '내보내기'를 통해
프레젠테이션을 다운로드한다. ppt나 pdf, png 형식으로 다운로드할 수 있다.

이처럼 생성형 AI를 활용하면 수업을 더 쉽게 준비할 수 있다. 이와 같이 발표의
첫 차시 수업을 이렇게 설계하고 진행한다면, 말하기 불안을 겪는 학생들을 청중으로
삼아 교사가 정보 전달의 목적으로 '말하기 불안 극복하는 법'을 주제로 발표하는 모
범적인 예시를 직접 보여 주는 효과도 얻을 수 있다. 발표 자료와 함께 여러 청중 앞
에서 말하기 전략을 활용하여 발표를 수행하는 실제 담화 예시를 학생들에게 효과적
으로 보여 줄 기회인 셈이다.

다음으로 발표 수업을 진행하기 전, 교사는 학생들이 실제로 발표를 수행하는 데 도움이 되도록 다양한 예시를 마련해 놓는 것이 효과적이다.

첫째로, 청중을 분석하고 발표 목적과 주제를 정하는 활동부터 예시를 제시하면 학생들이 발표를 쉽게 준비하는 데 도움이 된다. 학생들이 가장 어려워하는 활동 중 하나인 '발표 주제 정하기'와 관련된 예시를 생성형 AI를 통해 쉽게 생성해 볼 수 있다. 활용할 수 있는 예시는 다음과 같다.

[역할 부여] 너는 중학교 국어 교사이고 발표하기 수업을 하려고 해.
[학생 특성] 학생들은 청중의 특성에 따라 발표 목적과 발표 주제를 설정해야 하고, 발표 주제 정하기를 막막하게 생각해.
[교과 지식] 발표 주제는 예상 청중의 지식수준과 관심사 등을 바탕으로 하여 정하되, 구체적이면서도 참신한 성격을 띠는 것이 바람직해.
[구체적인 조건] 같은 반 중2 학생들을 대상으로 발표하기에 적절한 발표 주제 예시를 제시해 주되, 발표 목적과 어떤 청중의 특성에 맞는지도 함께 제시해 줘.

[AI의 답]

1. 학교생활 관련 주제

주제: 시험 전날 스트레스를 줄이는 방법
발표 목적: 청중에게 실질적인 시험 준비 전략을 제시하여 스트레스를 줄이는 데 도움을 준다.
청중의 특성: 같은 반 학생들은 시험 준비로 인해 긴장과 부담을 느끼는 경우가 많다.
주제: 학교에서 친구를 사귀는 방법과 예절
발표 목적: 청중에게 친구 관계를 더 잘 형성하고 유지할 수 있는 팁과 예절을 알려 준다.
청중의 특성: 또래 집단에서 친구 관계가 중요한 시기이며, 대인관계에 관심이 많다.

2. 관심사와 취미 관련 주제

주제: 재미있는 만화 그리는 법
발표 목적: 간단한 만화 캐릭터를 그리는 방법을 설명하여 창작 활동에 대한 관심을 높인다.
청중의 특성: 그림 그리기나 창작에 관심 있는 학생들이 많으며, 시각적 자료에 흥미를 느낀다.
주제: 요즘 핫한 스마트폰 게임의 전략과 팁
발표 목적: 인기 게임에서 고득점을 얻는 전략과 팁을 공유한다.

청중의 특성: 또래 학생들 사이에서 스마트폰 게임이 여가 활동의 중요한 부분을 차지한다.

3. 사회적 이슈 관련 주제

주제: 학교에서 실천할 수 있는 환경 보호 습관

발표 목적: 환경 보호의 중요성을 알리고 실천 가능한 작은 행동을 소개한다.

청중의 특성: 환경 문제에 대해 배운 경험이 있지만 실천 방법에 대한 구체적인 아이디어가 부족하다.

주제: 사이버 폭력을 예방하는 방법

발표 목적: 사이버 공간에서 친구와의 관계를 지키기 위해 유의할 점을 소개한다.

청중의 특성: 스마트폰과 인터넷을 자주 사용하며 사이버 윤리 문제에 노출될 가능성이 높다.

둘째로, 학생들이 어려워하는 개요 구성에 대한 예시를 여러 가지 제시해 주는 것도 학생들이 발표를 쉽게 준비하는 데 도움이 된다. 일반적으로 교과서에는 하나의 예시만 제시되기 때문에 교사가 다양한 주제의 발표 개요 예시를 추가로 보여 주면 좋다. 마찬가지로 발표 개요에 대한 기본 토대를 마련하고 나서 보충 또는 수정이 필요한 부분만 교사가 추가로 손보면 수업 준비를 효율적으로 할 수 있을 것이다. 아래 예시를 활용해 볼 수 있다.

 [역할 부여] 너는 중학교 국어 선생님이야. 발표하기 수업을 준비하고 있어.

[학생 특성] 중2 학생들은 발표에 대한 경험이 적고, 체계적으로 개요를 조직하는 방법을 잘 몰라.

[구체적인 조건] 그래서 잘 쓴 개요 예시를 보여 주려고 해. 주제는 '중학교 국어 선생님이 되는 방법'이고, 목적은 정보 전달, 예상 청중은 같은 반 중학교 2학년이야. 도입부/전개부/정리부로 나눠서 체계적으로 개요를 조직해 줘.

 [AI의 답]

1. 도입부

주의 끌기

질문 던지기: "여러분 중에 선생님이 되고 싶은 사람 있나요? 국어 선생님이 되려면 무엇을 해야 할까요?"

발표 목적 제시

"오늘은 중학교 국어 선생님이 되기 위해 어떤 과정을 거쳐야 하는지 알려드리겠습니다."
전체 구조 안내
"먼저 국어 선생님이 되기 위해 필요한 자격을 살펴보고, 이후 어떤 시험을 준비해야 하는지 설명한 다음, 마지막으로 직업의 장단점을 소개하겠습니다."

2. 전개부
첫 번째 핵심 포인트: 국어 선생님이 되기 위한 학력 요건
"먼저, 국어 선생님이 되기 위해서는 국어 교육과 관련된 전공이 필요합니다."
세부 내용:
국어교육과, 국어국문학과 등에서 교직 이수를 해야 함.
이수 과목 예시: 교육학, 국어교육론.
두 번째 핵심 포인트: 교원 자격증 취득을 위한 시험
"학업을 마친 후 교원 자격증을 얻기 위해 시험에 응시해야 합니다."
세부 내용:
1차 시험: 교직 논술, 교육학 등.
2차 시험: 수업 실기와 면접.
세 번째 핵심 포인트: 국어 선생님의 직업적 장점과 어려움
"마지막으로, 국어 선생님이 되었을 때의 장단점을 알아보겠습니다."
장점: 학생들과의 소통을 통한 보람.
어려움: 학습 지도와 생활 지도를 병행하는 어려움.

3. 정리부
요약
"이제 국어 선생님이 되기 위한 학업 과정, 시험 준비, 직업의 장단점을 알아보았습니다."
마무리 메시지
"여러분이 관심을 가진다면, 국어 선생님이라는 직업도 좋은 선택이 될 수 있습니다. 여러분의 꿈을 응원합니다!"

Step 2. 생성형 AI와 함께 수업하기

가. 학습 목표 및 수업 설계 의도

생성형 AI를 효율적인 교수·학습 도구로 활용하는 방식은 다양하다. 첫째, 학생들이 먼저 발표 개요를 작성하게 하고, 생성형 AI가 만든 개요와 비교하게 하여 차이점과 개선 가능성을 찾게 함으로써 자료를 재구성하고 체계적으로 조직하는 방법을 배우도록 할 수 있다. 둘째, 생성형 AI가 만든 개요를 자신만의 점검표를 토대로 비판적으로 평가하게 할 수 있다. 셋째, 생성형 AI가 만든 개요를 바탕으로 수정과 개선을 거쳐 자신만의 개요를 만들도록 할 수 있다. 이 중 두 번째와 세 번째 방법은 처음부터 직접 내용을 재구성하고 조직하는 과정을 거치지 않기 때문에 자기만의 기준을 형성하기 어렵고, 그럴듯해 보이는 생성형 AI를 무비판적으로 받아들일 위험성이 있다고 판단하여 첫 번째 방법으로 수업을 설계하였다.

학습 목표	1. 다양한 자료를 재구성하여 내용을 체계적으로 조직할 수 있다. 2. 청자를 고려하여 발표할 수 있다. 3. 언어적·준언어적·비언어적 표현 전략을 활용하여 발표할 수 있다.		
관련 성취 기준	2015	[9국01-08]핵심 정보가 잘 드러나도록 내용을 구성하여 발표한다. [12화작02-06]청자의 특성에 맞게 내용을 구성하여 발표한다.	
	2022	[9국01-06] 다양한 자료를 재구성하여 내용을 체계적으로 조직하고 청중이 이해하기 쉽게 발표한다. [10공국2-01-01] 청중의 관심과 요구에 맞게 내용을 구성하여 발표하고 청중의 질문에 효과적으로 답변한다. [12화언01-09] 정제된 언어적 표현 전략 및 적절한 준언어적·비언어적 표현 전략을 활용하여 발표한다.	
수업 흐름도	차시	교수·학습 내용	교수·학습 평가 계획
	1	• 도입: 말하기 불안이란? • 전개 　- 말하기 불안의 개념 및 예시 영상 확인하기 　- 말하기 불안의 유형과 원인, 해소 방법 알아보기 • 정리: 발표 수업 예고하기	• 말하기 불안에 대한 자기 평가

수업 흐름도	2 (지도안, 활동지 첨부)	• 도입: 발표란?
		 • 전개
		  - 발표의 개념 및 목적 학습하기
		  - 예상 청중 분석하기
		  - 발표 목적과 주제 정하기
		 • 정리: 다음 차시 안내
			• 수업 전반에 대한 관찰 평가
			 • 발표 주제에 대한 피드백

	3~5 (지도안, 활동지 첨부)	• 도입: 효과적인 발표란?
		 • 전개
		  - 발표 내용 선정하기
		  - 발표 개요 구성하기
		  - 발표 자료 마련하기
		 • 정리: 다음 차시 안내
			• 학생의 발표 내용 선정 및 개요 구성에 대한 수시 피드백 진행
			 • 생성형 AI를 활용하여 발표 자료 만들기에 대한 관찰 평가

	6~8	• 도입: 자기 점검표 제시하기
		 • 전개
		  - 발표문 작성하기
		  - 적절한 준언어적·비언어적 표현 전략 연습하기
		  - 발표하기
		 • 정리: 자기 평가 및 동료 평가
			• 자기 점검표를 활용한 자기 평가와 동료 평가
			 • 실제 발표에 대한 구술 발표 평가

평가 항목	발표하기		
활동 요소	• 발표의 개념, 특징, 목적 등 이해하기 • 말하기 불안에 대처하기 • 청중 분석을 바탕으로 발표 계획하기 • 발표 내용 선정하기, 발표 개요 구성하기 • 발표 자료 마련하기		
교과 역량	☐ 문화 향유 역량　　☑ 공동체·대인관계　　☑ 비판적·창의적 사고 ☑ 디지털·미디어 역량　☑ 자기 성찰·계발　　☑ 협력적 소통 역량		
평가 방법	☐ 서술 논술　☑ 구술 발표　☐ 토의 토론　☐ 프로젝트　☐ 실험 실습 ☐ 포트폴리오　☑ 자기 평가　☑ 동료 평가　☑ 관찰 평가		
평가 방향 (의도)	학생들은 해당 활동을 통해 첫째, 청중 분석을 바탕으로 주제와 목적을 설정하며 발표를 계획한다. 둘째, 다양한 자료를 재구성하여 체계적으로 조직한다. 셋째, 효과적인 발표 자료를 마련한다. 넷째, 언어적·준언어적·비언어적 표현을 활용하여 발표한다. 이를 통해 발표하기에 필수적인 전략들을 학습하게 된다.		

평가 요소	• 발표 내용을 도입부·전개부·정리부로 나누어 체계적으로 구성하기 • 청자를 고려하여 발표하기 • 언어적·준언어적·비언어적 표현 전략 활용하기		
구분	**배점**	**채점 기준**	

구분	배점	채점 기준		
내용 체계적으로 조직하기	5	5	3	1
		다양한 자료에서 핵심적인 정보를 선별하여 내용을 통일성 있게 구성하고 체계적으로 조직함.	다양한 자료를 참고하여 핵심 정보를 파악하고 내용을 구성함.	자료를 참고하여 필요한 정보를 선택함.
청자 고려하기	5	5	3	1
		청자 분석을 통해 주제를 정하고 말할 내용을 청자가 이해하기 쉬운 방향으로 재구성하고, 중요한 내용을 강조하여 발표함.	말할 내용을 청중이 이해할 수 있도록 재구성하고 발표함.	말할 내용을 정리하여 발표함.
발표 자료 마련하기	5	5	3	1
		핵심 정보가 잘 드러나도록 청중의 이해를 효과적으로 도울 매체 자료를 만들어 발표함.	청중의 이해를 도울 매체 자료를 만들어 발표함.	매체 자료를 만들어 발표함.
언어적· 준언어적· 비언어적 표현 전략 활용하기	5	5	3	1
		정제된 언어적 표현 전략 및 적절한 준언어적·비언어적 표현 전략을 활용하여 발표함.	언어적 표현과 준언어적·비언어적 표현을 적절히 활용하여 발표함.	발표에서 언어적 표현과 준언어적·비언어적 표현을 일부 활용함.

나. 수업 들여다보기

① 2차시: 발표 계획하기

학습 목표	1. 청자를 고려하여 발표할 수 있다.		차시	2차시/8차시
학습 단계	학습 내용	교수·학습 활동		지도상의 유의점
도입	발표의 개념 학습하기	• 발표 예시를 통해 발표의 개념 이해하기 - 적절한 분량의 발표 예시 영상을 시청한다. - 발표란 여러 사람 앞에서 자기 생각이나 의견 또는 어떤 사실에 대해서 진술하는 말하기임을 이해한다.		
전개	발표 계획하기	• 청중 분석 안내하기 - 예상 청중에 따라 발표 목적과 주제를 정해야 함을 이해한다. • 발표 목적 및 주제 정하기 - 청중의 관심사와 지적 수준 등에 따라 발표 목적과 주제를 정하는 방법을 학습한다. - 발표 목적은 정보 전달이나 설득으로 나눌 수 있으며 이들이 뒤섞일 수도 있음을, 발표 주제는 분명하고 구체적이고 참신해야 함을 이해한다. - 예상 청중의 관심사, 지적 수준, 요구 등을 분석하여 정리한다. • 생성형 AI를 토대로 발표 주제 정하기 - 생성형 AI에 청중을 분석한 결과를 입력하여 발표 주제를 추천받는다. - 생성형 AI의 발표 주제 추천 결과를 바탕으로 최종 발표 주제를 선정한다. - 최종 발표 주제를 선정한 이유를 구체적으로 작성한다.		• 생성형 AI가 추천한 결과 중 하나를 선정한 이유를 구체적으로 생각해 보도록 하여 무엇을 고려하여 발표 주제를 선정해야 하는지 이해하도록 한다.
정리	활동 마무리	• 활동지를 제출하고 다음 차시 내용에 대해 안내한다.		

2차시 수업은 발표를 계획하는 차시로, 청중을 분석하여 발표 목적과 주제를 정하는 수업으로 구성되었다. 먼저, 적당한 분량의 발표 예시 영상을 보여 주고 발표의 개념과 발표 시 고려해야 할 사항들을 파악하게 한다. 아래 활동지 예시를 참고해 보자.

활동지 예시

1. 발표 예시 영상을 보고 발표를 분석해 봅시다.

발표 주제	말하기 불안을 극복하는 방법
발표 목적	정보 전달
청중 특성	발표가 걱정되는 중학교 2학년 학생들

2. 발표를 통해 알게 된 내용을 정리해 봅시다.

- 말하기 불안의 원인
- 말하기 불안을 극복하는 방법

3. 발표 자료가 없었다면 어땠을지 생각해 봅시다.

사용한 발표 자료	PPT 사진 자료
발표 자료의 효과	PPT 자료가 없었으면 덜 집중됐을 것 같다. 그리고 예시 사진이 있으니까 이해하기가 더 편했다.

이후에는 청중의 관심사, 요구, 지적 수준 등에 따라 발표 목적과 주제를 정해야 한다는 것을 설명한 뒤, 예상 청중을 분석해 보도록 한다. 학급 안에서 발표를 수행할 것이기 때문에 같은 학급 구성원들이 예상 청중이 된다. 그동안 관찰한 결과를 활용하거나 직접 간단한 설문조사를 하거나 간단한 대화를 통해서 예상 청중을 분석해 보게 한다. 학생들이 나름대로 예상 청중을 분석하고 나면, 그 결과를 생성형 AI의 프롬프트에 입력하여 발표 주제를 추천받을 수 있다. 보통 학생들에게 발표 주제를 정하라고 하면, 발표 주제를 정하는 활동을 막막해하는 학생들이 많아 시간이 오래 걸리

1부

2부

3부

2장 듣기·말하기

고 끝까지 발표 주제를 선정하지 못하는 학생들도 많다. 특히 청중 분석 결과를 발표 주제 선정에 어떻게 반영해야 하는지 감을 잡지 못하는 경우가 많다. 이때 청중 분석 결과를 입력하여 생성형 AI의 추천을 받으면 청중을 고려하여 발표 주제를 정하는 과정을 쉽게 이해하게 할 수 있다. 활용할 수 있는 예시는 다음과 같다.

[역할 부여] 나는 중학생이고 국어 시간에 발표 수행평가를 하려고 해.

[교과 지식] 발표 주제는 예상 청중의 지식수준과 관심사 등을 바탕으로 하여 정하되, 구체적이면서도 참신한 성격을 띠는 것이 바람직해.

[구체적인 조건] 같은 반 중2 학생들을 대상으로 발표하기에 적절한 발표 주제 예시를 제시해주되, '수업이 지루해서 집중을 잘 못하고, 먹방과 춤에 관심이 많은 같은 반 친구들'이라는 청중의 특성에 맞는 주제를 추천해 줘.

[AI의 답]

집중력을 높이는 재미있는 공부 방법

발표 목적: 수업 시간에 집중하기 어려워하는 친구들에게 집중력을 높일 수 있는 색다른 공부법을 소개

청중의 관심: 게임이나 재미있는 활동에 흥미를 느끼는 학생들에게 유용

최고의 먹방 유튜버는 누구인가? 인기 비결 분석

발표 목적: 먹방 유튜버의 인기 요소를 분석하고, 자신만의 먹방 스타일을 제안

청중의 관심: 먹방을 즐겨보는 친구들이 좋아할 주제

틱톡에서 유행하는 춤, 그 매력과 따라 하기 쉬운 동작 소개

발표 목적: 청중과 함께 춤을 배우고 공유하며 참여를 유도

청중의 관심: 춤과 소셜 미디어 콘텐츠

학생들에게 필요한 꿀잠 팁: 집중력과 피로 해소를 위한 수면법

발표 목적: 올바른 수면 습관이 공부와 일상에 미치는 영향을 설명하고, 꿀잠을 위한 팁 제공

청중의 관심: 수면 부족과 피로 문제 해결

편의점 음식 조합 꿀팁: 나만의 메뉴 만들기

발표 목적: 편의점 음식을 창의적으로 조합하여 만드는 독특한 메뉴 소개

청중의 관심: 간식과 새로운 음식

댄스의 역사: 춤이 어떻게 변해 왔는가?

발표 목적: 춤의 역사적 배경과 현대 춤의 변화 과정을 설명하고 재미있는 사실 공유

청중의 관심: 춤과 문화

"잠 깨는 스트레칭": 졸음을 쫓아주는 간단한 스트레칭 방법

발표 목적: 졸음이 오는 상황에서 간단히 할 수 있는 스트레칭 동작 소개

청중의 관심: 수업 시간에 졸음을 해결할 방법

발표 주제를 추천받은 후에는 여러 가지 중 무엇을 최종 발표 주제로 선정할 것인지 활동지를 통해 정리해 보도록 할 수 있다. 발표 주제는 청중의 관심사나 요구도 중요하지만, 발표자의 관심도도 중요하기 때문에 발표자가 열심히 준비할 수 있는 주제나 프롬프트에는 담기지 않은 청중의 특성, 학급 분위기 등을 추가로 고려해서 발표 주제를 선정하도록 안내한다. 아래 활동지 예시를 참고할 수 있다.

활동지 예시

1. 청중 분석 결과를 정리해 봅시다.

수업을 지루해함, 점심시간마다 노래를 틀고 춤을 춤, 먹방을 보는 것이 취미인 학생들이 많음.

2. 생성형 AI에 청중 분석 결과를 포함한 프롬프트를 입력하고 추천받은 결과 중 가장 마음에 드는 발표 주제와 그 이유를 구체적으로 적어 봅시다.

발표 주제	편의점 음식 조합 꿀팁: 나만의 메뉴 만들기
발표 주제를 선정한 이유	먹방을 보는 친구들이 많다는 것은 먹는 것에 관심이 많다는 것이다. 나는 평소에 신상 편의점 음식을 먹는 것을 좋아하고 같이 먹으면 맛있는 조합을 알고 있어서 친구들에게 소개해 주면 관심 있게 발표를 들을 것 같고, 나도 재밌게 준비할 것 같다.

② 4~5차시: 발표 개요 구성하기 및 매체 자료 만들기

학습 목표	1. 청자를 고려하여 발표할 수 있다. 2. 다양한 자료를 재구성하여 내용을 체계적으로 조직할 수 있다.		차시	4~5차시/8차시

학습 단계	학습 내용	교수·학습 활동	지도상의 유의점
도입	활동 안내	• 발표 개요 예시를 통해 학습하기 　- 발표 개요의 예시를 보며 지난 시간에 선정한 내용을 어떻게 개요로 구성해야 하는지 이해한다.	
전개	자신이 구성한 개요와 생성형 AI가 구성한 개요 비교하기	• 개요를 구성하는 방법 이해하기 　- 제시된 개요와 교사의 설명(청자의 흥미를 유발하고 이를 유지할 수 있도록 구조화할 것, 도입부-전개부-정리부로 체계적으로 구성할 것, 청중과 상호 교감을 지속적으로 유지할 장치를 넣을 것, 발표 내용의 요점을 체계적으로 배열할 것 등)을 통해 개요를 체계적으로 조직하는 방법을 이해한다. • 생성형 AI가 구성한 개요와 비교하는 활동 이해하기 　- 개요를 구성하고 프레젠테이션을 만들어 주는 생성형 AI에는 무엇이 있는지 떠올려 본다. 　- 생성형 AI를 사용해 발표 자료를 만드는 것이 왜 수업에서 허용되지 않는지 이해한다. 　- 생성형 AI로 발표 자료를 만드는 과정을 무비판적으로 수용했을 때 생기는 문제점을 이해한다. • 스스로 개요를 구성하고 매체 자료를 만들기 　- 학생이 먼저 개요를 구성하여 ppt 자료를 제작한다. • 생성형 AI로 개요를 구성하고 매체 자료 만들기 • 두 결과물 비교 안내하기 　- 두 가지의 개요와 매체 자료를 비교하며 차이점을 분석하고 개선 가능성을 찾아본다. 　- 차이점을 바탕으로 무엇이 더 이해하기 쉬운지 정리해 보고, 자신의 개요와 매체 자료에 반영하여 수정한다.	• 학생들이 체계적으로 내용을 조직하는 역량을 갖춰야만 하는 이유를 설명한다. • 학생들이 스스로 개요를 구성하는 활동을 할 때 개요 예시와 개요를 구성하는 방법을 칠판에 띄워 놓아 도움을 준다.
정리	개요 점검하기	• 활동지를 제출하고 다음 차시 내용을 안내한다.	

4~5차시 수업은 이전 차시에 수집하고 선정한 내용을 바탕으로 개요를 구성하고 매체 자료를 만드는 수업으로 구성되었다. 앞서 언급하였듯이 개요와 프레젠테이션을 만들어 주는 생성형 AI가 많고 학생들도 이미 이것을 알고 있다. 따라서 수업 전에 학생들에게 생성형 AI로 개요와 프레젠테이션을 구성하여 그대로 사용하는 것이 왜 허용되지 않고, 어디까지 허용되는지를 미리 언급하여 공감대를 형성하는 것이 중요하다. 막상 생성형 AI로 개요와 프레젠테이션을 구성해 보면, 학생들이 직접 내용을 조사하고 구성한 내용이 나은 부분도 많다는 것을 알 수 있을 것이다. 생성형 AI의 결과물이 더 낫더라도 이를 통해 학생들이 더 나은 개요와 프레젠테이션을 구성하는 방법을 배울 수 있다면 학습 목표를 달성한 수업이라고 본다.

개요나 프레젠테이션을 구성해 주는 생성형 AI로는 대표적으로 '감마'와 '미리캔버스'가 있다. 주제 한 줄을 입력하면 개요와 프레젠테이션을 구성해 주는 기능과 자세한 내용을 줄글로 입력하면 개요와 프레젠테이션을 구성해 주는 기능이 있는데, 수업에서는 전자를 사용한다. 학생들이 구성한 개요와 프레젠테이션, 그리고 생성형 AI가 주제 한 줄을 바탕으로 구성한 개요와 프레젠테이션을 비교하는 활동을 설계하였다. 아래 활동지 예시를 참고할 수 있다.

1부

2부

3부

활동지 예시

1. 스스로 발표 개요를 작성해 봅시다.

발표 주제	편의점 음식 조합 꿀팁: 나만의 메뉴 만들기
도입부	유명한 편의점 음식 조합 소개 발표 주제 및 순서 안내
전개부	편의점 음식 조합의 성공 사례 나만의 편의점 음식 조합 소개 나만의 편의점 음식 조합 꿀팁
정리부	나만의 편의점 음식 만들기 제안

2. 생성형 AI가 만든 발표 개요를 정리해 봅시다.

• 편의점 음식의 다양성과 활용성

- 맛있고 건강한 편의점 음식 조합 아이디어
- 개인 취향에 맞는 맞춤 조합 만들기
- 편의점 음식으로 만드는 색다른 메뉴
- 예산 절감과 편의성을 함께 잡는 방법
- 편의점 음식으로 만든 맛있고 든든한 식사
- 나만의 편의점 음식 조합 레시피 공유

3. 나의 개요와 생성형 AI의 개요를 비교해 봅시다.

	나의 개요	생성형 AI의 개요
잘한 점, 본받을 점	• 간결하다. • 도입부와 전개부 구분이 잘 된다.	• 내용이 풍부하다. • 레시피라는 단어가 적절하다.
아쉬운 점, 개선할 점	• 예산, 편의성의 기준을 추가하면 좋을 것 같다. • 겹치는 내용이 있는 것 같다.	• 체계적이지 않다. 도입부와 전개부가 구분되어 보이지 않는다.

4. 비교한 결과를 바탕으로 나의 개요를 개선해 봅시다.

(1) 개선한 개요

발표 주제	편의점 음식 조합 꿀팁: 나만의 레시피
도입부	유명한 편의점 음식 조합 소개 발표 주제 및 순서 안내
전개부	나만의 편의점 음식 조합 소개 나만의 편의점 음식 조합 꿀팁 -적은 예산으로 만드는 꿀팁 -빠르게 만드는 꿀팁
정리부	나만의 편의점 음식 레시피 제안

(2) 개선한 개요 설명하기

- 명확한 의미 전달을 위해 레시피라는 단어를 사용했다.
- 꿀팁을 예산과 시간으로 나눠서 제시했다.
- 겹치는 내용을 삭제했다.

√ 생성형 AI '감마'로 발표 개요 만들기

이렇게 학생들이 먼저 발표 개요를 작성하게 하고, 생성형 AI가 만든 개요와 비교하게 하여 차이점과 개선 가능성을 찾게 하면 자료를 재구성하고 체계적으로 조직하는 방법을 효과적으로 학습할 수 있다. 생성형 AI의 결과가 적절하다면 장점을 분석하며 그것을 자신의 개요에 반영하여 개선할 수 있고, 생성형 AI의 결과가 부적절하다면 이를 비판적으로 해석하며 수용하는 역량을 기를 수 있다. 즉 생성형 AI의 질이 어떠하든 학생은 비판적 사고 역량을 함양할 수 있다. 프레젠테이션도 마찬가지로 위와 같이 활동지를 구성하여 비교할 수 있다.

읽기

사용 AI   챗GPT

1) 요약하며 읽기

Step 1. 생성형 AI와 함께 수업 준비하기

'요약하며 읽기' 수업을 준비할 때 가장 먼저 해야 하는 것은 무엇일까? 바로 학생들이 읽을 글을 선정하는 것이다. 이는 '요약하며 읽기'뿐만 아니라 모든 읽기 수업 준비 과정에서 거쳐야 하는 일이다. 물론 교과서에는 다양한 제재가 이미 수록되어 있다. 하지만 학생들의 개별적인 수준이나 학교의 상황에 따라 학습 자료를 재구성해야 하는 일이 빈번하게 발생한다. 이럴 때 생성형 AI의 도움을 받으면 읽기 제재를 쉽게 생성할 수 있다. 아래는 기초 학력 대상 학생이 많은 중학교 2학년을 대상으로 한 상황에서 생태 전환을 주제로 요약하기를 가르치는 상황을 가정한 것이다. 다음 예시를 활용할 수 있다.

[역할 부여] 나는 중학교 2학년 학생을 가르치는 국어 교사야.

[학습 목표] 학생들에게 요약하며 읽기를 가르치려고 해.

[학생 특성] 내가 가르칠 학생들은 성취 수준이 낮고 긴 글을 잘 이해하지 못해.

[글의 주제] 환경 문제에 대한 글을 읽은 다음 그 글을 요약하게 하는 수업을 하고 싶어.

[글의 특성] 학생들이 흥미롭게 읽을 수 있는 환경 문제에 대한 글을 1,500자 내외로 써 줄래? 글은 총 다섯 문단이었으면 좋겠어.

 [AI의 답]

<환경 문제와 우리의 미래>

오늘날 우리는 다양한 환경 문제에 직면하고 있습니다. 지구 온난화, 미세먼지, 플라스틱 오염 등은 우리가 매일 경험하는 문제들입니다. 이러한 문제들은 우리의 생활과 건강에 직접적인 영향을 미치며, 미래 세대에게도 큰 부담이 될 것입니다. 따라서 우리는 지금 이 문제들을 해결하기 위해 행동해야 합니다.

첫 번째로, 지구 온난화는 전 세계적으로 가장 심각한 문제 중 하나입니다. 온실가스가 대기 중에 쌓이면서 지구의 평균 기온이 상승하고 있습니다. 이로 인해 북극의 얼음이 녹고 해수면이 상승하여 많은 섬과 해안 도시가 침수 위험에 처해 있습니다. 또한, 기후 변화로 인해 극심한 기상 이변이 발생하고, 농작물 수확량이 감소하여 식량 부족 문제도 심각해지고 있습니다.

두 번째 문제는 미세먼지입니다. 미세먼지는 자동차, 공장, 난방 등에서 발생하며, 우리 건강에 매우 해로운 영향을 미칩니다. 미세먼지가 우리 몸에 들어오면 호흡기 질환과 심혈관 질환을 유발할 수 있습니다. 특히 어린이와 노인에게는 더욱 위험합니다. 따라서 우리는 대중교통을 이용하거나 자전거를 타는 등의 방법으로 미세먼지를 줄이기 위한 노력이 필요합니다.

세 번째로, 플라스틱 오염 문제도 간과할 수 없습니다. 우리는 일상생활에서 쉽게 플라스틱 제품을 사용하지만, 이로 인해 바다와 자연이 오염되고 있습니다. 버려진 플라스틱은 수백 년 동안 분해되지 않고, 해양 생물들이 이를 먹이로 착각하여 먹게 되면 생태계에 큰 피해를 줍니다. 이를 해결하기 위해 우리는 플라스틱 사용을 줄이고, 재활용을 적극적으로 실천해야 합니다.

마지막으로, 환경 문제 해결을 위해서는 모두의 노력이 필요합니다. 개인의 작은 실천이 모여 큰 변화를 이끌어 낼 수 있습니다. 예를 들어, 일회용품을 줄이고, 쓰레기를 분리 배출하며, 지역 사회의 환경 보호 활동에 참여하는 것 등이 있습니다. 또한, 정부와 기업들도 지속 가능한 정책과 기술 개발에 힘써야 합니다. 우리의 미래는 우리가 지금 어떻게 행동하느냐에 달려 있습니다.

환경 문제는 단순한 개인의 문제가 아닙니다. 이는 우리 모두가 함께 해결해야 할 공동의 문제입니다. 우리가 지금 행동하지 않으면, 미래 세대는 더욱 힘든 환경에서 살아야 할 것입니다. 그러므로 오늘부터라도 작은 실천을 시작해 보는 것이 중요합니다. 함께 힘을 모아 깨끗하고 건강한 지구를 만들어 나갑시다.

생성형 AI를 활용할 때 가장 중요한 것은 명령어, 즉 '프롬프트'를 구체적으로 입력하는 것이다. 좋은 제재를 생성하기 위해서 가장 먼저 역할을 부여한다. 가르치는 대상과 자신의 교과목('나는 중학교 2학년 학생을 가르치는 국어 교사')을 입력하고, 진행할 수업의 학습 목표 또는 성취 기준('요약하며 읽기')을 제시한다. 이후 글의 난이도를 결정할 수 있도록 학생의 특성('성취 수준이 낮고 긴 글을 잘 이해하지 못함.')을 제시한다. 또 중요한 것은 학생들에게 제시하고 싶은 글의 주제나 특성('환경 문제', '학생들이 흥미롭게 읽을 수 있는', '1,500자 내외의 다섯 문단')을 구체적으로 제시하는 것이다. 이때 논설문, 설명문, 수필 등 글의 갈래를 활용하여 프롬프트를 작성하는 것도 좋은 방법이다. AI가 생성한 글을 바로 수업 자료로 쓰긴 무리가 있더라도, 이러한 프롬프트를 활용하여 기초적인 자료를 생성하고 이후에 교사가 수정하는 방식을 취한다면 수업 준비에 들어가는 시간과 노력을 크게 줄일 수 있다.

Step 2. 생성형 AI와 함께 수업하기

가. 학습 목표 및 수업 설계 의도

'요약하며 읽기'의 핵심은 학생들이 스스로 요약하는 능력을 기르는 것이다. 따라서 생성형 AI에 단순히 '요약해 줘'라고 명령하는 것은 피해야 한다. 그러나 AI는 신속하게 일정 수준의 요약문을 제공하는 장점이 있으며, 이는 요약에 서툰 학생들에게 본보기가 될 수 있다. 반대로 AI 요약이 부정확할 경우 이를 수정하며 '좋은 요약'의 기준을 배울 기회로 활용할 수 있다. 학생들이 직접 요약하고 AI 요약과 비교하며 토론하면 '좋은 요약'의 기준을 스스로 정립할 수 있다. 또한, 학생들이 좋은 요약을 평가하는 점검표를 만들어 요약의 적절한 방법을 학습하도록 한다. 이를 6차시 정도의 수업으로 구성하면 다음과 같다(현장 상황에 따라 3차시로 축소하여 수업하는 것도 가능하다.).

주제	생성형 AI vs 인간, 누가 더 요약을 잘하나?		
학습 목표	1. 읽기 목적과 글의 특성에 맞게 요약하며 읽을 수 있다. 2. 생성형 AI를 활용하여 요약하며 읽기의 방법을 이해할 수 있다.		
관련 성취 기준	2015	[9국02-03] 읽기 목적이나 글의 특성을 고려하여 글 내용을 요약한다.	
	2022	[9국02-02] 읽기 목적과 글의 구조를 고려하며 글을 효과적으로 요약한다.	
수업 흐름도	차시	교수·학습 내용	교수·학습 평가 계획
	1~2	• 도입: 요약하며 읽기의 중요성 • 전개 - 요약하기의 방법 학습하기 - 본문 읽고 이해하기 • 정리: 본문 내용 형성 평가	• 수업 전반에 대한 관찰 평가 • '요약하며 읽기'의 이론적 지식 및 본문 내용에 대한 형성 평가(지필 평가)
수업 흐름도	3~4 (지도안, 활동지 첨부)	• 도입: 요약하며 읽기의 효과 • 전개 - 학생 스스로 요약문 작성하기 - AI와 자신의 요약문 비교하기 - AI와 짝의 요약문 비교하기 • 정리: 짝 활동 발표 및 정리	• 학생의 요약문 작성 과정에 대한 수시 피드백 진행 • AI와 자신의 요약문을 비교하는 과정에 대한 관찰 평가 • 짝 활동에 대한 자기 평가 및 동료 평가
	5~6 (지도안, 활동지 첨부)	• 도입: 좋은 요약이란? • 전개 - AI의 요약문을 활용하여 요약하기의 방법 분석하기 - '좋은 요약 점검표' 제작하기 - 제시된 요약문 중 가장 좋은 요약문 뽑기 • 정리: 모둠 활동 발표 및 정리	• 요약하기의 방법을 분석할 수 있는지에 대한 수시 피드백 진행 • 패들렛을 활용하여 '좋은 요약 점검표'에 대한 오픈 포트폴리오 평가 진행 • 모둠 활동 전반에 대한 자기 평가 및 상호 평가
평가 항목	요약하며 읽기		
활동 요소	• 요약하기의 방법(선택, 삭제, 일반화, 재구성)과 효과를 이해할 수 있다. • 본문을 읽고 글의 특성과 읽기 목적에 따라 요약할 수 있다. • 생성형 AI의 요약문과 자신의 요약문을 적절히 비교할 수 있다. • 모둠 토의를 바탕으로 좋은 요약의 기준을 세울 수 있다. • 좋은 요약의 기준을 바탕으로 요약문을 평가할 수 있다.		
교과 역량	☐ 문화 향유 역량 ☑ 디지털·미디어 역량	☐ 공동체·대인관계 ☐ 자기 성찰·계발	☑ 비판적·창의적 사고 ☑ 협력적 소통 역량

평가 방법	☐ 서술 논술 ☐ 구술 발표 ☐ 토의 토론 ☐ 프로젝트 ☐ 실험 실습 ☑ 포트폴리오 ☑ 자기 평가 ☑ 동료 평가 ☑ 관찰 평가
평가 방향 (의도)	요약하며 읽기 방법을 활용하여 본문의 특성과 자신의 읽기 목적에 따라 적절하게 요약할 수 있는지 평가한다. 이후 생성형 AI를 활용한 요약과 자신의 요약을 비교함으로써 두 요약의 장단점을 분석할 수 있는 능력을 평가하고, 어떤 요소가 좋은 요약을 만드는지에 대한 비판적 사고를 기를 수 있도록 한다. 요약을 비교하고, 좋은 요약의 기준에 대해 동료 학생과 의견을 교환하는 과정에서 협력적 소통 능력을 평가한다. 학생들이 요약의 중요성을 이해하고 효과적인 요약 방법을 배울 수 있도록 도우며 생성형 AI를 활용한 학습 경험을 통해 교육적 맥락에서 AI 기술을 이해하고 활용할 수 있게 하였다.
평가 요소	• 글의 특성과 읽기 목적을 바탕으로 글 요약하며 읽기 • 생성형 AI의 요약과 학생의 요약 적절하게 비교하기 • 모둠 토의를 바탕으로 '좋은 요약의 기준' 세우고 요약문 평가하기

구분	배점	채점 기준		
요약하며 읽기	5	5	3	1
		글의 특성과 읽기 목적을 고려하여 글을 적절하게 요약하며 읽을 수 있음.	글을 요약할 수 있으나 글의 특성과 읽기 목적을 고려하는 데에 어려움이 있음.	글을 요약하는 데에 어려움이 있음.
생성형 AI 와 인간의 요약 비교 하기	5	5	3	1
		생성형 AI와 인간의 요약을 제시된 기준을 바탕으로 적절하게 비교할 수 있음.	생성형 AI와 인간의 요약을 단순 비교할 수 있음.	생성형 AI와 인간의 요약을 비교하는 데에 어려움이 있음.
'좋은 요약 의 기준' 세우기	5	5	3	1
		모둠 토의를 바탕으로 '좋은 요약의 기준'을 적절하게 세울 수 있음.	'좋은 요약의 기준'을 세울 수 있음.	좋은 요약의 기준을 세우는 데에 어려움이 있음,
요약문 평가하기	5	5	3	1
		타당한 기준을 바탕으로 주어진 요약문을 적절하게 평가할 수 있음.	주어진 요약문을 평가할 수 있음.	주어진 요약문을 평가하는 데에 어려움이 있음.

나. 수업 들여다보기

① 3~4차시 수업: AI의 요약문과 인간의 요약문 비교하기

학습 목표	1. 글의 특성과 읽기 목적을 고려하여 글을 요약하며 읽을 수 있다. 2. 자신의 요약과 AI의 요약을 적절하게 비교하며 분석할 수 있다.		차시	3~4차시/ 6차시
학습 단계	학습 내용	교수·학습 활동		지도상의 유의점
도입	동기 유발	• '급식 관련 가정통신문'을 통해 읽기 목적에 따라 요약이 달라질 수 있음을 이해한다. - '급식 관련 가정통신문'을 요약하려는 경우 '우리 학교 급식에 대해 다른 학교 친구에게 소개하는 목적'으로 읽을 때와 '교장 선생님께 급식에 대해 건의할 목적'으로 읽을 때 요약이 달라질 수 있음을 예로 든다.		
전개 1	학생 스스로 요약하기	• 글의 특성과 읽기 목적을 설정한다. • 요약하기의 네 가지 방법을 사용하여 본문 '세금, 얼마나 알고 있나요?'의 요약문을 작성한다. - 각 문단별로 핵심 내용을 찾고, 이때 사용한 요약하기의 방법을 기록한다.		• AI를 사용하지 않도록 주의한다.

전개 2	자신과 AI의 요약 비교하기	• AI를 활용하여 본문을 요약하고 그 결과를 기록한다.
		  - 교사는 입력 프롬프트의 예시를 구체적으로 안내하고, 학생은 AI에 입력한 프롬프트도 함께 기록한다.
		• 자신의 요약과 AI의 요약이 어떻게 다른지 비교한다.
		  - 요약의 목적, 글의 주제, 요약문의 분량 등을 중심으로 글을 비교한다.
				• AI 활용 시 프롬프트에 포함되어야 하는 내용을 구체적으로 안내한다.

전개 3	짝과 AI의 요약 비교하기	• 짝의 요약과 AI의 요약이 어떻게 다른지 비교한다. - 요약의 목적, 글의 주제, 요약문의 분량 등을 중심으로 글을 비교한다. • 짝의 요약과 AI의 요약 중 더 좋은 요약과 그 이유를 기록한다.		
정리	정리 및 차시 예고	• 활동 결과를 공유하고 피드백하고 다음 시간 활동을 안내한다.		

'요약'이란 말이나 글의 요점을 잡아서 간추림을 의미한다. 중학교 수준에서는 '글의 특성과 읽기 목적'에 맞게 요약하는 것을 학습 목표로 삼고 있다. 이를 위해 학생들은 생성형 AI를 활용하기 전에 학생들이 스스로 글을 요약하며 읽고 요약문을 작성하는 과정을 거친다. 다만 '읽기' 수업이므로 학생들이 '쓰는 행위' 자체에 너무 부담을 가지지 않도록 지도하고, 완벽한 하나의 글을 쓰는 것에 집중하기보다는 글의 핵심 내용과 주제를 파악하여 간단하게 작성할 수 있게 한다. 학생들이 스스로 글을 읽고 요약하는 과정이므로 생성형 AI를 사용하지 않도록 다시 한번 주지시킨다.

스스로 요약하며 읽기를 수행했다면 이제 생성형 AI를 활용해 볼 차례이다. 많은 생성형 AI는 파일 업로드 기능을 지원한다. 제재 글 파일을 생성형 AI 플랫폼에 업로드한 뒤 요약문을 작성하게 한다. 이때도 프롬프트를 구체적으로 입력해야 함을 학생들에게 안내해야 한다. 필요하다면 프롬프트의 예시를 활동지에 포함하여 제공한다.

이후 생성형 AI가 작성한 요약문과 자신의 요약문을 비교한다. 각 요약문이 담고 있는 글의 핵심 내용과 주제, 분량에는 어떤 차이가 있는지 비교하여 분석하게 하고 무엇이 더 좋은 요약문이라고 생각하는지 간단하게 작성하게 한다. 이 과정을 통해 학생들은 '좋은 요약문의 조건'에 대해 고민하게 된다. 마지막으로 AI와 동료 학생의 글을 비교하면 자신의 글뿐만 아니라 짝의 글을 보면서 자연스럽게 동료 평가가 가능하다. 3~4차시의 수업을 활동지로 구성해 보면 아래와 같다. (아래 수업에서 사용한 본문은 2015 개정 지학사 2-2 교과서의 '세금, 얼마나 알고 있나요?'이다.)

활동지 예시

1. '세금, 얼마나 알고 있나요?'의 글의 특성과 나의 읽기 목적을 정리해 봅시다.

글의 특성(글의 목적)	설명하는 글(정보 전달)
나의 읽기 목적	세금에 대해 잘 모르는 친구들에게 직접세와 간접세에 대해 소개하는 발표를 준비하기 위해서.

2. 다음 <보기>의 요약하기 방법을 참고하여 문단별로 요약문을 써 보고, 글의 특성을 고려하여 글의 구조와 전개 방식을 파악해 봅시다.

<보기>

- 선택: 중심 내용이 직접 드러난 부분을 선정하여 요약하는 방법
- 삭제: 세부적인 내용이나 반복되는 내용을 지워 가며 요약하는 방법
- 일반화: 구체적이고 개별적인 내용을 좀 더 일반적인 상위 개념으로 묶어서 요약하는 방법
- 재구성: 제시된 내용을 바탕으로 중심 내용을 만들어 내어 요약하는 방법

문단	문단별 핵심 내용(또는 문장)	사용한 요약하기의 방법
1문단	세금을 내는 것이 국민이 지킬 의무 가운데 하나이다.	선택
2문단	세금이란 국가가 나라 살림을 잘 꾸려 나갈 수 있도록 국민이 법에 따라 내는 돈을 말한다.	선택
3문단	공공시설 건설, 국방, 치안 유지, 교육, 사회 보장 제도 등에 세금이 쓰인다.	일반화, 재구성
4문단	세금을 걷는 주체에 따라 국세와 지방세로 나눌 수 있다.	재구성
5~6문단	세금을 걷는 방식에 따라 직접세와 간접세로 나눌 수 있다. 특히 간접세는 실제로 세금을 부담하는 사람과 세금을 직접 내는 사람이 서로 다르다.	삭제, 재구성
7문단	직접세는 소득 격차를 줄이는 기능을 하지만, 열심히 일하려는 의욕을 잃을 수도 있다.	선택
8문단	간접세는 공평하지만, 소득이 적은 사람이 지는 부담이 크다.	선택
9문단	직접세와 간접세 중 무엇이 더 낫다고 말하기는 어렵다.	선택, 재구성
10문단	세금을 내는 것은 국민의 의무이다. 정부는 탈세를 막기 위해 다양한 노력을 기울이고 있다.	선택

* 문단별 핵심 내용을 바탕으로 다음의 '구조도'를 채우며 글의 구조와 전개 방식을 파악해 봅시다.

처음	1문단: 납세의 의무에 대한 소개
중간	• 2문단: 세금의 정의 • 3문단: 세금의 쓰임새 • 4-6문단: 세금의 종류 - 4문단: 걷는 주체에 따른 세금의 종류 - 5문단: 걷는 방식에 따른 세금의 종류, 6문단: 간접세의 예시 • 7-9문단: 직접세와 간접세의 장단점(직접세와 간접세의 비교)
끝	• 10문단: 성실한 세금 납부의 필요성

3. 생성형 AI를 활용해 <본문>을 요약해 봅시다.

입력 프롬프트	역할 부여	예시) 나는 글을 요약해야 하는 중학교 1학년이야. 나는 세금에 대한 카드 뉴스를 만들어야 하는 중학교 1학년 학생이야.
	글의 특성	예시) 세금에 대한 설명문을 읽었어. 간접세와 직접세를 비교하여 각각의 특징을 설명하는 설명문을 읽었어.
	읽기 목적	예시) 직접세와 간접세의 장단점을 알고 싶어. 이 글을 읽고 세금을 잘 모르는 친구들에게 세금에 대한 정보를 전달하는 카드 뉴스를 만들어야 해.
AI의 요약문	**직접세와 간접세 요약 및 비교** 정확한 세금 이해는 국민의 의무이며, 이를 통해 국가는 다양한 서비스를 제공할 수 있습니다. 여기서 직접세와 간접세를 비교하며 두 세금의 특성을 설명하겠습니다. **1. 정의 및 본질** • 직접세: 세금을 내야 하는 개인이나 기업이 직접 부담하는 세금입니다. 예를 들어, 소득세, 재산세, 법인세 등이 여기에 해당합니다. 이는 개별 납세자의 소득이나 자산에 따라 결정됩니다. • 간접세: 소비자가 물건을 구매할 때 자동으로 세금이 포함되는 형태로, 소비에 대해 부과되는 세금입니다. 대표적인 예는 부가가치세와 소비세가 있습니다. **2. 세금 부과 방식** • 직접세: 세금을 부과하기 위해 개인이나 기업의 재정 상황을 직접 조사해야 하므로 복잡한 과정을 거칩니다. 이러한 세금은 소득이 높을수록 더 많은 세금을 부과하는 누진세 방식이 일반적입니다.	

- 간접세: 소비자가 물건을 구매할 때 세금이 자동으로 포함되어 부과되기 때문에 세금을 걷기 쉬운 장점이 있습니다. 하지만 소득이 적은 사람에게 상대적으로 높은 비율의 세금을 부과할 수 있다는 단점이 있습니다.

3. 장단점 비교

- 직접세의 장점: 소득에 따라 공정하게 세금이 부과됩니다. 고소득자는 더 많은 기여를 하게 되어 사회적 평등성을 높일 수 있습니다.
- 직접세의 단점: 세금 징수가 복잡하고 시간이 많이 소요됩니다. 많은 시간과 노력이 필요한 조사가 필요합니다.
- 간접세의 장점: 세금 징수가 비교적 간편하고 효율적입니다. 모든 소비자가 일정 부분 세금을 납부하게 되어, 세수 안정성이 높아집니다.
- 간접세의 단점: 소득이 적은 사람일수록 더 많은 상대적 부담을 느끼게 됩니다. 소비자에게 직접적인 세금 부과를 느끼지 못하게 해, 세금 납부 의식이 강화되지 않습니다.

4. 국민의 세금 납부 의무

세금을 내는 것은 국민의 중요한 의무로, 이를 통해 국가의 여러 복지 서비스와 공공시설을 운영할 수 있습니다. 세금 납부 과정에서의 투명성과 책임 있는 사용을 위해 영수증 발급을 통해 탈세를 방지하는 노력도 필요합니다.

나의 요약 vs AI의 요약		나의 글	AI의 글
	글의 핵심 내용을 잘 파악했는가?	○	○
	요약의 주제는?	직접세와 간접세의 특성 비교	직접세와 간접세의 특성 비교 + 세금의 정의, 납세의 필요성
	요약문의 분량?	A4 반 페이지 정도	995자
	또 발견할 수 있는 차이점?	- 직접세와 간접세의 차이점을 표로 정리했다. - 예시는 거의 포함되지 않았다. - 명사형 종결이다.	- 소제목이 있다. - 전부 줄글로 썼으며 '~습니다' 체이다. - 본문에 없는 내용이 포함되어 있다.

4. 생성형 AI의 요약문과 짝의 요약문을 비교해 봅시다.

짝의 요약 vs AI의 요약		짝의 글	AI의 글
	글의 핵심 내용을 잘 파악했는가?	생략	생략
	요약의 주제는?	생략	생략
	요약문의 분량?	생략	생략
	또 발견할 수 있는 차이점?	생략	생략
	- 누구의 요약이 더 좋은 요약이라고 생각하나요? 그 이유는 무엇인가요? 짝의 글이 좀 더 좋은 것 같다. 더 짧고 간략해서 읽기가 편하다. 읽기 목적과 글의 특성을 잘 고려해서 원하는 정보를 얻기 좋았다. 무엇보다 AI의 요약 중에는 본문에 없는 내용이 있어서 오히려 혼란스러웠다. / AI의 요약이 더 좋은 것 같다. 소제목이 있어서 가독성이 좋다. 긴 글을 빨리 요약해 주어서 편리했다.			

② 5~6차시 수업: 좋은 요약의 기준이란?

학습 목표	1. 좋은 요약의 기준에 대해 토의할 수 있다. 2. 요약문을 점검할 수 있는 점검표를 제작할 수 있다.		차시	5~6차시/ 6차시
학습 단계	학습 내용	교수·학습 활동	지도상의 유의점	
도입	동기 유발	• '급식 관련 가정통신문'을 통해 읽기 목적에 따라 요약 • 소설의 내용을 잘 담지 못한 줄거리를 보고 어떤 소설의 줄거리인지 맞혀 본다. • 줄거리 맞히기 활동을 통해 좋은 요약의 중요성을 이해한다.		
전개 1	요약 연습하기	• 새로운 본문 '이타적 디자인으로 사람을 살리다'를 읽고 문단별 핵심 내용을 찾으며 글을 요약한다. • AI를 활용하여 프롬프트를 입력하고 본문을 요약한다. - AI 활용 시 프롬프트를 구체적으로 입력할 수 있도록 안내하고, 프롬프트도 함께 기록하게 한다.	• 스스로 요약할 때는 AI를 사용하지 않도록 주의한다.	

전개 2	요약하기 점검표 만들기	• 무엇이 좋은 요약인지 이야기를 나눈다. - '좋은 요약', '나쁜 요약', '요약하며 읽을 때 고려해야 할 점'에 대해 토의한다. • 모둠 토의를 종합하여 '요약하기 점검표'를 제작한다.	• 점검표는 5가지 항목, 3점 척도로 제작하게 한다.
전개 3	최고의 요약 선정하기	• 모둠별로 만든 점검표를 활용하여 모둠원의 요약, AI의 요약 중 가장 잘 된 요약을 선정하게 한다. - 점검표 점수가 가장 높은 요약문을 '가장 잘 된 요약'으로 선정한다. • 모둠별로 만든 점검표와 선정한 가장 좋은 요약을 공유 플랫폼에 업로드한다. • 모둠 활동 결과를 공유하고 발표한다.	• 공유 시 패들렛 또는 구글 문서를 활용하게 한다,
정리	정리 및 차시 예고	• 활동 결과를 공유하고 피드백하고 다음 시간 활동을 안내한다.	

좋은 요약이란 무엇이며, 잘못된 요약이란 무엇일까? 글의 핵심 내용을 포함하고 있지 않거나, 중요하지 않은 내용인데도 포함되어 있다면 그것을 좋은 요약이라고 할 순 없을 것이다. 학생들이 좋은 요약을 할 수 있도록 이끄는 것이 필요하다. 본격적으로 좋은 요약이란 무엇인지 알아보기 전에, 도입 자료로 학생들에게 익숙한 전래동화를 '잘못 요약한' 줄거리를 제시하여, 흥미를 유발한다(예시 발문: 해당 글은 우리가 잘 알고 있는 한 전래동화의 줄거리입니다. 무슨 동화일까요? 이 줄거리가 잘 제시되었다고 생각하나요?). 이때 도입 자료를 만들 때도 생성형 AI를 활용할 수 있다. 아래는 동기 유발 자료의 예시와 프롬프트이다. 이를 활용하여 다양한 도입 자료를 만들어 보자.

[역할 부여] 나는 중학교 1학년 학생을 가르치는 국어 교사야.
[학습 목표] 학생들에게 요약하며 읽기를 가르치는 데 동기 유발 자료가 필요해.
[수업 상황] 학생들이 잘못된 요약을 보면서 요약을 잘해야 하는 이유, 좋은 요약의 효과 등을 인지했으면 좋겠어.
[요구 사항] 학생들이 모두 알고 있는 '흥부놀부'의 줄거리를 이상하게 요약하되, 없는 내용을 넣지는 말았으면 좋겠어. 중요한 내용이 아니라 세부적인 사항을 중심으로 요약해서 잘못된 요약 줄거리를 만들어 줘.

[AI의 답]

좋아! '흥부놀부'의 줄거리를 세부적인 사항 중심으로 잘못된 요약으로 만들어 볼게.

흥부와 놀부는 형제인데 두 사람은 항상 서로 경쟁을 한다. 흥부는 어느 날 제비가 날아오는 걸 보고 제비가 다친 것을 발견한다. 흥부는 제비를 치료해 주고 그 보답으로 제비가 금은보화를 가져온다. 반면, 놀부는 제비가 집에 오는 것을 보고 시기심이 생긴다. 그래서 제비를 잡아먹으려 하지만 제비는 놀부의 집에 오지 않는다. 흥부는 제비 덕분에 큰 부자가 되고, 놀부는 흥부의 부를 질투하며 집에서 뒹굴기만 한다. 결국, 놀부는 흥부에게 돈을 빌리러 가지만 흥부는 거절하고, 두 형제는 다시 경쟁하게 된다.

이런 식으로 요약하면, 중요한 핵심 내용은 빠져 있고, 세부적인 사항만 부각돼서 잘못된 요약이 된다.

이를 통해 학생들에게 요약의 중요성과 좋은 요약이 필요한 이유를 강조할 수 있을 거야!

이전 차시에서 요약하기의 방법과 요약문을 작성하는 방법을 배웠으니 이를 새로운 글에 적용해 보는 활동을 한다. 한두 번의 연습만으로 학생들이 완벽하게 요약하며 읽을 수 있게 되는 것이 아니다. 수많은 연습과 학습 경험이 필요하다. 제한된 수업 시간과 진도 내에서 많은 연습을 할 수 있도록 고안된 활동이며, 새로운 글을 읽고 짧게 요약을 하게 한다. 진도에 여유가 있다면 더 긴 글을 제시할 수도 있고, 여유가 없다면 짧은 글을 제시하거나 글을 읽어 오는 것을 과제로 제시할 수 있다. 핵심은 학생들이 스스로 '자신의 읽기 목적'에 따라 적절하게 요약문을 작성할 수 있는가이다. 학생들이 스스로 요약을 했다면 이전 차시와 마찬가지로 AI에 프롬프트를 입력하여 요약문을 작성하게 한다.

이제 모둠별로 '요약하기 점검표'를 제작하는 활동을 진행한다. 모둠원과의 토의를 통하여 무엇이 좋은 요약인지 이야기하고, 이를 바탕으로 점검표를 작성하게 하는 것이다. 자유롭게 이야기를 나누되, 점검표를 도출할 수 있도록 '무엇이 좋은 요약인지', '무엇이 잘못된 요약인지', '요약하기에서 고려할 점은 무엇인지' 등의 비계를 활동지에 포함하여 해당 주제로 이야기를 나누게 한다. 학생들이 점검표를 모두 제작했다면, 결과물에 대해 교사가 피드백을 해도 되고 AI를 통해 점검 및 보완하게 해도 좋다. 학생들이 만든 점검표가 적절한지 AI의 점검을 받는 것이다. 이때 활용할 수 있는 프롬프트는 아래와 같다.

[역할 부여] 나는 좋은 요약이 무엇인지 배우고 있는 중학교 1학년 학생이야.

[학습 상황] 좋은 요약문인지 평가하기 위해 '좋은 요약 점검표'를 만들었어.

[우리 모둠이 만든 점검표] 우리 모둠이 만든 항목은 '글의 핵심 내용이 잘 드러나게 파악했는가?', '읽기 목적을 잘 고려했는가?', '글의 특성을 잘 고려했는가?', '요약문의 내용 중 잘못된 것은 없는가?', '요약문의 분량이 적절한가?'야.

[요구 사항] 좋은 요약문을 평가하는 기준으로 이 다섯 가지 항목은 적절할까? 적절하지 않다면 그 이유는 무엇일까?

[AI의 답]

당신이 만든 '좋은 요약 점검표'는 매우 훌륭합니다! 다섯 가지 항목이 좋은 요약문을 평가하는 데 적절한 이유는 다음과 같습니다:

1. 글의 핵심 내용이 잘 드러나게 파악했는가?: 요약의 가장 중요한 요소로, 핵심 내용을 잘 이해하고 전달하는 것이 필수적입니다.

2. 읽기 목적을 잘 고려했는가?: 요약은 특정 목적을 가지고 작성되기 때문에 그 목적에 맞는 정보가 포함되어야 합니다.

3. 글의 특성을 잘 고려했는가?: 글의 장르나 스타일에 따라 요약의 방식이 달라질 수 있으므로 이를 고려하는 것은 중요합니다.

4. 요약문의 내용 중 잘못된 것은 없는가?: 정확성이 중요하므로 잘못된 정보가 포함되지 않도록 확인하는 것이 필수적입니다.

5. 요약문의 분량이 적절한가?: 요약은 간결해야 하므로 적절한 분량을 유지하는 것이 중요합니다.

이 외에도 추가할 수 있는 항목으로는 '문장 구조의 명확성'이나 '논리적 흐름' 등을 생각해 볼 수 있습니다. 하지만 기본적으로는 당신이 제시한 항목들이 충분히 좋습니다. 잘하고 있어요!

모둠별로 '요약하기 점검표'를 완성했다면 이를 바탕으로 직접 요약문을 평가하는 활동을 진행한다. 전개 1의 활동에서 학생들은 직접 요약문도 작성하고, AI를 활용한 요약문도 작성했다. 즉 모둠원이 4명이라면 총 8개의 요약문이 재료가 되는 것이다. 전개 2에서 제작한 점검표를 바탕으로 모둠원과 AI의 요약문을 채점하고, 무엇이 가장 잘 된 요약인지 뽑게 한다. 이러한 활동을 통해 학생들은 자연스럽게 좋은 요약의

1부

2부

3부

3장 읽기

기준에 대해 터득하고 자신의 글을 성찰할 수 있으며 요약하며 읽는 과정과 결과를 두루 평가할 수 있는 역량을 갖추게 된다. 모둠별로 선정한 '가장 좋은 요약문'과 이때 활용한 모둠별 점검표는 공유 및 발표하게 한다(이때 패들렛, 구글 공동 작업문서 등의 에듀테크 도구를 활용할 수 있다.). 교사는 학생들의 활동 과정과 발표 내용을 정리하면서 좋은 요약의 기준과 요약하기의 중요성 및 효과를 다시 한번 안내하는 것으로 모든 활동을 마무리한다.

활동지 예시

1. 다음의 '주몽 신화'를 읽고 스스로 요약해 봅시다.

처음에 북부여왕 해부루가 동부여로 자리를 피하고 나서 부루가 죽으매 금와가 왕위를 이었다. 이때에 왕은 태백산(지금의 백두산) 남쪽 우발수에서 한 여자를 만나서 사정을 물었다.

"저는 본래 하백의 딸로서 이름은 유화입니다. 여러 아우들과 함께 저와 놀고 있었는데 때마침 한 사나이가 있어 천제의 아들 해모수라고 스스로를 불렀습니다. 저를 유인하여 웅신산 밑 압록강 근처의 방 속에서 사랑을 나누고는 가서 돌아오지 않았습니다. 부모는 제가 중매도 없이 낯선 남자를 따랐다고 하여서 마침내 이곳에서 귀양살이를 하고 있습니다."

금와가 이를 이상히 여겨 방 속 깊이 가두었더니 햇빛이 그녀를 비추었다. 그녀는 몸을 끌고 이를 피하였으나 햇빛이 다시 쫓아와 비추었다. 이로 인해 잉태하여 알 한 개를 낳으니 크기가 다섯 되 정도는 되었다. 왕이 이것을 버려 개와 돼지에게 주었는데 모두 먹지 않았다. 다시 이것을 길바닥에 버렸더니 소와 말이 피해 갔다. 이것을 들에 버렸더니 새와 짐승이 덮어 주었다. 왕이 알을 쪼개려 하여도 깨뜨릴 수가 없어 결국 그 어머니에게 돌려주었다. 어머니가 알을 물건으로 싸서 따뜻한 데 두었더니 아이 하나가 껍질을 깨고 나왔는데 골격이나 외모가 영특하고 신기하게 생겼다.

나이 겨우 일곱 살에 뛰어나게 성숙하여 제 손으로 활과 화살을 만들어 1백 번 쏘면 1백 번 맞혔다. 이 나라(동부여) 풍속에 활 잘 쏘는 자를 주몽이라 하므로 이로써 이름을 지었다. 금와가 일곱 명의 아들이 있어 언제나 주몽과 함께 놀았는데 재주가 그를 따라갈 수 없었다. 맏아들 대소가 왕에게 말하였다.

"주몽은 사람의 몸에서 태어나지 않았습니다. 만일 빨리 없애 버리지 않는다면 후환이 있을 것입니다."

왕은 이 말을 듣지 않고 그를 시켜 말의 먹이를 주도록 하였다. 주몽은 그중에 날쌘 말을 알아서 먹이를 적게 주어 여위도록 만들고 굼뜬 말은 잘 먹여서 살이 찌도록 하였다. 왕은 살찐 말을 자신이 타고 여윈 말을 주몽에게 주었다. 여러 왕자들과 여러 신하들이 장차 그를 해치려고 도모하는 것을 주몽의 어머니가 알고 그에게 일러 말하였다.

"나라 사람들이 장차 너를 해치려고 하나, 너와 같은 재주를 가지고 어디로 간들 살지 못하겠느냐? 빨리 손을 쓰는 것이 좋을 것이다."

이에 주몽은 오이 등 세 사람과 동료가 되어 엄수까지 와서 물에게 말하였다.

"나는 천제의 아들이요 하백의 손자인데 오늘 도망을 가는 길에 뒤따르는 자가 쫓아 닥치니 이 일을 어찌할 것인가?"라고 하였다.

이때 물고기와 자라들이 나와 다리가 되어 (주몽이) 물을 건너게 하고 나서 다리는 풀려 버려, 말을 타고 추격하던 자들은 물을 건널 수가 없었다. 그는 졸본주까지 와서 마침내 여기에 도읍을 하였다. 미처 궁실을 지을 새도 없어 그저 비류수 강가에 초막을 짓고 살면서 나라 이름을 고구려(高句麗)라 하였다. 따라서 고(高)를 성으로 삼으니 당시의 나이가 열두 살이었다.

-《삼국유사》권1 기이1-

글의 갈래	신화
읽기 목적	고구려의 건국 과정에 대해 알고 싶다.
요약문	* 문단별로 핵심 내용을 정리한 다음, 자신의 읽기 목적을 고려하여 요약문을 써 봅시다. 부여의 왕이었던 금와는 우발수 강변에서 울고 있던 유화를 만났다. 유화는 물의 신 하백의 딸인데 혼인도 하지 않고 해모수와 사랑을 나누었다고 하여 귀양 온 상황이었다. 이에 금와왕은 유화를 궁궐로 데리고 와 방에 가두었는데 빛에 감응하여 아이를 낳았다. 이 아이는 활을 잘 쏘아 주몽이라고 불렸다. 이에 금와왕의 맏아들인 대소는 자신보다 재주가 뛰어났던 주몽을 해치고자 음모를 꾸몄다. 주몽의 어머니인 유화가 이를 알고 주몽에게 몰래 도망가라고 말했고, 주몽은 동료들과 함께 몰래 부여를 떠났다. 그러나 대소 일행이 쫓아왔고, 강가에 이르렀을 때 주몽은 자신이 신의 자손이라고 외쳤다. 그러자 강물 위로 물고기와 자라가 떠올라 다리를 만들어 주었고 주몽 일행이 강을 건너자 다리는 풀려 버렸다. 이렇게 목숨을 건진 주몽은 졸본에 도착해 자신이 장차 다스릴 나라의 도읍으로 정했고, 나라 이름은 '고구려'라고 지었다. 이때 주몽의 나이는 겨우 12세였다.

2. AI를 활용하여 '주몽 신화'를 요약하게 해 봅시다.

입력 프롬프트	나는 고구려의 건국 과정에 대해 알고 싶은 중학교 1학년 학생이야. '주몽 신화'를 읽는데, 파일로 첨부할게. 고구려의 시작을 알 수 있도록 글을 요약해 줘.

AI의 요약 결과	**고구려의 건국 과정: 주몽 신화 요약** 고구려의 건국 과정은 주몽 신화에 잘 나타나 있습니다. 주몽은 특별한 출생 배경과 뛰어난 재능을 가진 인물로, 그의 이야기는 고구려의 시작을 알리는 중요한 신화입니다. **1. 주몽의 출생** • 알에서 태어난 주몽: 주몽은 알에서 태어났습니다. 금와왕은 이 알을 여러 동물에게 던졌지만 아무도 먹지 않았습니다. 결국 알은 유화에게 돌아갔고, 버려진 알 속에서 주몽이라는 아이가 태어났습니다. • 어린 시절의 재능: 주몽은 일곱 살부터 뛰어난 용모와 능력을 보였습니다. 그는 스스로 활을 만들어 사격 연습을 하며 그 재능을 인정받았습니다. **2. 왕실의 위협** • 위협을 느낀 금와왕: 주몽은 금와왕에게 특별한 존재였지만, 왕의 맏아들 대소는 주몽을 두려워하여 제거하려고 음모를 꾸밀 정도였습니다. • 유화의 충고: 주몽의 어머니 유화는 아들에게 제거의 위협을 알리고 안전을 위해 떠나라고 조언했습니다. **3. 주몽의 탈출** • 엄수를 넘어: 주몽은 몇몇 친구들과 함께 부여를 떠났고, 대소의 추격을 피해 엄수라는 강가에 도착했습니다. 강을 건너야 했지만 그곳은 위험한 물살이 있었습니다. • 신의 도움: 주몽은 하백에게 도움을 청했고, 그의 외손자라는 응답을 듣고 짠물고기와 자라가 다리를 만들어 주었습니다. 주몽 일행은 무사히 강을 건너게 되었습니다. **4. 고구려의 건국** 졸본 도착 후 나라 건설: 주몽은 졸본으로 이동하여 그의 왕국인 고구려를 세웠습니다. 그는 고구려의 초가를 지으며 임시 궁전으로 삼았고, 나라의 이름을 고구려로 지었습니다.

3. 무엇이 좋은 요약인지 다음 질문에 대해 모둠원과 토의해 봅시다.

'좋은 요약'이란 무엇인가요?	글의 핵심 내용을 잘 담고 있어야 한다. 읽기 목적에 따라 필요한 정보만 나타나 있어야 한다. 간결해서 이해가 쉬워야 한다. 자신에게 필요한 내용만 잘 담고 있어야 한다.
'잘못된 요약'이란 무엇인가요?	글의 내용이 잘못 나타나 있는 것, 너무 길거나 너무 짧은 것, 핵심 내용을 잘못 파악한 것, 세부 내용이나 예시가 그대로 포함된 것

글을 요약할 때 고려해야 할 것?	읽기 목적(요약의 목적), 글의 특성, 요약문의 분량

4. 모둠원과의 이야기를 종합하여 '요약하기 점검표'를 제작해 봅시다. (5가지 항목이 제시되어야 하며, 각 항목은 '3점, 2점, 1점'으로 평가합니다.)

항목	점수
① 글의 핵심 내용이 잘 드러나게 요약했는가?	3점 / 2점 / 1점
② 읽기 목적을 잘 고려했는가?	3점 / 2점 / 1점
③ 글의 특성을 잘 고려했는가?	3점 / 2점 / 1점
④ 요약문의 내용 중 잘못된 것은 없는가?	3점 / 2점 / 1점
⑤ 요약의 분량이 적절한가?	3점 / 2점 / 1점

5. 위 점검표를 활용하여 우리 모둠원들의 요약문과 AI의 요약문을 평가해 봅시다.

항목	점수				
	친구1	친구2	친구3	친구4	AI 1
① 글의 핵심 내용이 잘 드러나게 요약했는가?	3	2	3	2	3
② 읽기 목적을 잘 고려했는가?	2	1	3	3	1
③ 글의 특성을 잘 고려했는가?	3	3	3	3	3
④ 요약문의 내용 중 잘못된 것은 없는가?	3	2	3	2	1
⑤ 요약의 분량이 적절한가?	2	1	3	1	2

6. 우리 모둠의 점검표와 최고의 요약을 패들렛에 업로드하고 발표해 봅시다. (생략)

ㄹ) 비판적 읽기

Step 1. 생성형 AI와 함께 수업 준비하기

'비판적 읽기'는 교육과정상 중학교에서는 논증 과정 파악하기, 고등학교에서는 신뢰성, 타당성, 공정성 파악하기로 구현되어 있다. 이 중 현장에서 조금 더 중심적으로 수업하는 고등학교 성취 기준을 바탕으로 수업을 설계해 보고자 한다. '요약하며 읽기'가 독해의 과정 중 사실적 독해에 해당한다면 '타당성, 신뢰성, 공정성 평가하며 읽기'는 비판적 독해에 해당한다. 그러다 보니 비판적 읽기의 제재 글은 논설문인 경우가 많다. 즉 필자의 주장과 근거가 드러나는 다양한 논설문을 토대로 학생들이 타당성, 공정성, 신뢰성을 평가해야 한다. 교과서에 제시된 글 이외의 다양한 글이 필요할 때 생성형 AI를 사용해 보자. 심지어 아래의 프롬프트를 참고하여 '타당성이 조금 부족한 글', '신뢰성이 조금 부족한 글'처럼 학생들의 비판적 독해를 연습시킬 수 있는 예시 글도 생성할 수 있을 것이다.

[역할 부여] 나는 '비판적 읽기'를 가르쳐야 하는 고등학교 교사야.
[개념 설명] 비판적 읽기란 글의 타당성, 신뢰성, 공정성을 평가하며 읽는 것을 말해.
[수업 상황] 학생들이 비판적 읽기를 연습할 수 있도록 논설문을 제시할 예정이야.
[요구 사항] 저출산 문제 해결을 주제로 한 논설문인데 타당성과 신뢰성이 조금 부족한 논설문을 1,000자 내외로 써 줄래?

[AI의 답]
물론입니다. 아래는 저출산 문제 해결을 주제로 하여 타당성과 신뢰성이 부족한 논설문입니다.

저출산 문제 해결을 위한 강력한 대책이 필요하다. 한국의 출산율이 세계적으로 최저 수준에 이르렀고, 이는 국가의 미래를 위협하는 심각한 문제이다. 따라서 정부는 즉각적인 조치를 취해야 한다.
첫째, 정부는 출산 장려 정책을 확대해야 한다. 많은 나라에서 출산을 장려하기 위해 다양한 지원을 하고 있지만 한국은 여전히 부족하다. 예를 들어, 유럽의 몇몇 국가에서는 출산 시 현금 지원과 육아휴직을 제공하여 출산율을 높이고 있다. 한국도 이러한 정책을 본받아야 한다. 그러나 이러한 정책이 실제로 효과가 있을지에 대한 연구는 부족하다.

둘째, 일과 가정을 양립할 수 있는 환경을 조성해야 한다. 많은 젊은 세대가 결혼과 출산을 미루는 이유는 직장과 가정을 병행하기 어렵기 때문이다. 따라서 정부는 고용주에게 육아휴직을 의무화하고, 유연 근무제를 활성화해야 한다. 하지만 이러한 정책이 모든 기업에 적용될 수 있는지는 의문이 든다.

셋째, 출산에 대한 사회적 인식을 개선해야 한다. 현재 한국 사회에서는 출산을 부담으로 느끼는 경향이 강하다. 이를 해결하기 위해서는 출산을 긍정적으로 바라보는 캠페인을 전개해야 한다. 그러나 이러한 캠페인이 실제로 사람들의 마음을 변화시킬 수 있을지는 불확실하다.

마지막으로, 저출산 문제는 단기간에 해결될 수 있는 문제가 아니다. 따라서 장기적인 계획이 필요하다. 하지만 현재의 정책들이 얼마나 지속 가능할지에 대한 논의는 부족하다.

결론적으로, 저출산 문제는 복합적인 원인이 있는 사회적 현상이다. 정부는 다양한 정책을 통해 문제를 해결하려고 하지만 그 효과에 대한 검증이 부족하다. 따라서 우리는 보다 신뢰할 수 있는 데이터와 연구를 바탕으로 한 정책을 마련해야 할 것이다.

이 논설문은 주장과 해결책을 제시하지만, 타당성과 신뢰성이 부족하여 학생들이 비판적으로 읽고 평가할 수 있는 기회를 제공합니다.

1부

2부

3부

Step 2. 생성형 AI와 함께 수업하기

가. 학습 목표 및 수업 설계 의도

'비판적 읽기'와 관련해서는 두 가지의 독립적인 수업을 제안해 보고자 한다. 첫 번째 수업은 AI와 함께 글의 타당성, 공정성, 신뢰성을 판단하는 연습을 하는 것이다. 학생들이 비판적 읽기를 연습할 수 있는 수업으로 모둠별로 비판적 읽기의 점검표를 만든 뒤 AI를 활용하여 제시된 글이 타당한지, 공정한지, 신뢰할 만한지 비판하며 읽을 수 있도록 한다. 두 번째 수업은 미디어 리터러시와 관련된 수업이다. 정보화 사회에서 우리는 하루에도 수많은 정보에 노출된다. 학생들 역시 전자 기기와 SNS를 활발하게 사용하면서 많은 정보와 데이터를 접한다. 문제는 이러한 정보들의 진위 여부를 판가름하기 어렵다는 것이다. 소위 '가짜 뉴스'가 많이 생산되고 있는 세상에 정보를 비판적으로 수용하는 '미디어 리터러시'는 중요한 역량이자 과제로 떠오르고 있다. 비록 '읽기' 수업보다는 '매체'와 밀접한 관련이 있는 활동일 수도 있지만, 매체를 비판적으로 수용하는 것도 넓게 본다면 '비판적 읽기'로 볼 수 있다고 보아 AI와 함께 가짜 뉴스의 진위 여부를 판단하는 수업을 제안해 보고자 한다. 첫 번째 수업과 두 번째 수업은 하나의 흐름으로 진행되는 수업이 아니라 별개의 활동으로 진행되므로 수업 흐름도를 생략하고 지도안과 예시 활동지, 평가 계획만 제시하였다.

나. 수업 들여다보기

① 타당성, 공정성, 신뢰성 평가하며 읽기

학습 목표		1. 글의 타당성, 공정성, 신뢰성을 평가하며 읽을 수 있다. 2. 비판적 읽기를 바탕으로 주제에 대한 자신의 관점을 세울 수 있다.	
학습 단계	학습 내용	교수·학습 활동	지도상의 유의점
도입	동기 유발	• '사람은 죽지 않는다'라고 주장하는 짧은 동영상을 제시하며 해당 주장에서 잘못된 부분을 찾는다. • 비판적으로 읽지 않으면 어떤 문제가 발생할 수 있을지 자유롭게 의견을 나눈다.	
전개 1	점검표 만들기	• 타당성, 신뢰성, 공정성의 개념을 바탕으로 비판적 읽기의 점검표를 만든다. • 짝(또는 모둠)과 함께 자신의 점검표가 적절한지 상호 평가하며 수정한다.	• 점검표를 만들 때는 AI를 사용하지 않도록 주의한다.
전개 2	AI와 함께 비판적으로 읽고 토의 하기	• 점검표를 바탕으로 본문의 타당성, 공정성, 신뢰성을 평가한다. 　- 적절하다고(또는 부적절하다고) 평가한 경우 그 이유도 함께 작성한다. • 생성형 AI에게 동일한 점검표를 바탕으로 본문의 타당성, 공정성, 신뢰성을 평가하도록 프롬프트를 입력한다. • 자신의 평가 결과와 AI의 평가 결과를 비교해 보고, 누구의 결과가 조금 더 타당한 것 같은지 짝과 함께(또는 모둠으로) 토의한다. • 평가 및 토의 결과를 정리하고 패들렛에 업로드한다.	• AI에 입력할 수 있는 프롬프트의 예시를 비계로 제공할 수 있다.

전개 3	자신의 관점 세우기	• 글의 주제에 대한 자신의 관점을 수립하여 패들렛에 업로드한다. • 다른 친구들의 관점을 보며 인상 깊은 것에 댓글을 달며 상호 평가한다.	
정리	정리 및 차시 예고	• 활동을 정리하고 다음 차시 활동을 안내한다.	

평가 항목	타당성, 신뢰성, 공정성 평가하며 읽기		
활동 요소	• 타당성, 신뢰성, 공정성의 개념을 바탕으로 비판적 읽기의 기준을 세울 수 있다. • 적절한 기준을 바탕으로 글의 타당성, 신뢰성, 공정성을 평가하며 읽을 수 있다. • 생성형 AI의 비판적 독해 결과와 자신의 독해 결과를 비교하며 토의할 수 있다. • 주제에 대한 자신만의 관점을 세울 수 있다.		
교과 역량	☐ 문화 향유 역량 ☐ 공동체·대인관계 ☑ 비판적·창의적 사고 ☑ 디지털·미디어 역량 ☑ 자기 성찰·계발 ☐ 협력적 소통 역량		
평가 방법	☑ 서술 논술 ☐ 구술 발표 ☑ 토의 토론 ☐ 프로젝트 ☐ 실험 실습 ☐ 포트폴리오 ☑ 자기 평가 ☐ 동료 평가 ☑ 관찰 평가		
평가 방향 (의도)	학생들이 주장과 근거에 대한 타당성, 신뢰성, 공정성을 판단할 수 있는지 평가하여 다양한 텍스트에 대해 비판적으로 독해하는 능력을 함양한다. 또한, 생성형 AI를 활용하고 AI의 결과를 비판적으로 수용할 수 있는지 평가함으로써 정보 시대의 주제로 성장할 수 있게 한다. 이러한 활동과 평가를 바탕으로 주제에 대한 자신의 의견을 정립할 수 있는지 평가한다.		
평가 요소	• 적절한 기준을 바탕으로 글의 타당성, 신뢰성, 공정성 평가하며 읽기 • 생성형 AI의 독해 결과에 대해 적절한 근거를 들어 토의하기 • 주제에 대한 자신의 관점 세우기		

구분	배점	채점 기준		
		5	3	1
타당성, 신뢰성, 공정성 평가하며 읽기	5	적절한 기준을 바탕으로 타당성, 신뢰성, 공정성을 평가하며 읽을 수 있음.	타당성, 신뢰성, 공정성 중 일부만을 평가하며 읽을 수 있음.	타당성, 신뢰성, 공정성을 평가하며 읽는 것에 어려움이 있음.

생성형 AI의 독해 결과에 대해 토의하기	5	5	3	1
		생성형 AI의 독해 결과에 대해 적절한 근거를 들어 토의할 수 있음.	생성형 AI의 독해 결과에 대해 자신의 생각을 밝힐 수 있으나, 근거가 적절하지 않음.	생성형 AI의 독해 결과에 대해 토의하는 것에 어려움이 있음.
주제에 대한 자신의 관점 세우기	5	5	3	1
		주제에 대한 자신의 관점을 적절한 근거를 들어 세울 수 있음.	주제에 대한 자신의 관점을 세울 수 있음.	주제에 대한 자신의 관점을 세우는 것에 어려움이 있음.

비판적 읽기에서 학생들이 연습해야 할 것은 '타당성, 공정성, 신뢰성'을 판단하며 읽는 것이다. 물론 정확히 답이 정해져 있는 경우도 있지만, 글을 읽다 보면 교사조차 '이 주장이 타당한가?', '이 자료는 신뢰성이 있을까?'와 같이 판단하기 애매한 경우도 있다. 이럴 때 학생들에게 생성형 AI를 사용하게 하여 점검표를 바탕으로 글을 비판적으로 읽게 한다. 물론 학생들이 AI의 답에 의존해서는 안 된다. 그렇기에 AI를 사용하기 전 먼저 학생들 스스로 점검표를 만들고 이를 바탕으로 글을 평가해 보게 한다{해당 수업은 학생들이 '타당성, 신뢰성, 공정성'의 개념과 본문의 내용은 이미 학습했음을 전제로 한다. 본문은 2015 개정 천재(박영목) 교과서의 '잊힐 권리 법제화, 시급해'를 활용하였다.}. 이후 동일한 점검표를 AI에 입력하여 자신의 읽기 결과와 AI의 판단 결과를 비교한다. 만약 판단 결과가 서로 다르다면 누구의 판단이 더 정확하다고 생각하는지 모둠별 또는 짝과 함께 토론하도록 한다.

이러한 과정을 통해 학생들은 AI의 답이 항상 정확한 것만은 아니고 그렇기에 더욱 비판적으로 읽는 역량을 길러야 함을 느낄 수 있다. 또한, AI의 답이 적절하지 않은 이유, 조금 더 타당하게 주장하는 방법 등을 토론하며 비판적 읽기 능력을 더욱 함양할 수 있다. 비판적 독해가 끝나면 본문의 주제와 관련한 자신만의 관점을 세워 보게 하며 활동을 마무리한다. 이를 활동지로 구현하면 다음과 같다.

활동지 예시

1. 지난 시간에 배운 타당성, 신뢰성, 공정성의 개념을 떠올리며 글을 비판적으로 평가하기 위한 점검표를 작성해 봅시다.

준거	점검표	판단 결과
타당성	주장에 대한 근거가 제시되었는가?	○, △, X
	제시된 근거가 주장을 뒷받침하는가?	○, △, X
공정성	글쓴이의 주장이 편향되지 않았는가?	○, △, X
	글 내용에 왜곡된 것은 없는가?	○, △, X
신뢰성	정보나 자료가 믿을 만한가?	○, △, X
	정보나 자료의 출처가 정확히 표기되었는가?	○, △, X

2. 본문 내용을 떠올리며 위 점검표를 바탕으로 글을 비판적으로 읽어 봅시다.

주장	잊힐 권리를 법제화해야 한다.
근거	1. 인터넷에서 개인에 관한 정보가 다른 사람에게 쉽게 노출되는 환경에 놓여 있다. 2. 잊힐 권리의 법제화로 개인정보 자기 결정권을 보장할 수 있다. 3. 우리나라에서 시행하고 있는 법만으로 잊힐 권리를 충분히 보장할 수 없다.

준거	점검표	나의 판단 결과
타당성	주장에 대한 근거가 제시되었는가?	○, △, X -이유: 주장에 대한 세 가지 근거가 제시되어 있다.
	제시된 근거가 주장을 뒷받침하는가?	○, △, X -이유: 세 가지 근거 모두 잊힐 권리를 법제화해야 한다는 주장과 관련이 있다.
공정성	글쓴이의 주장이 편향되지 않았는가?	○, △, X -이유: 잊힐 권리를 보장했을 때 발생할 수 있는 문제점을 전혀 다루지 않았다.
	글 내용에 왜곡된 것은 없는가?	○, △, X -이유: 왜곡되었거나 잘못된 내용은 없는 것 같다.
신뢰성	정보나 자료가 믿을 만한가?	○, △, X -이유: 자료나 법령에 대한 출처가 없다.
	정보나 자료의 출처가 정확히 표기되었는가?	○, △, X -이유: 여러 가지 사례와 예시에 대한 출처가 없다.

3. 생성형 AI에 동일한 점검표를 제공하고 글을 평가해 달라고 해 봅시다.

 프롬프트에 꼭 들어가야 하는 내용:
① **역할 부여**(나는 비판적 읽기를 배우고 있는 고등학생이야.)
② **비판적 읽기의 개념**(비판적 읽기란 글의 타당성, 신뢰성, 공정성을 판단하며 읽는 것을 말해.)
③ **글의 특성 및 주제**(지금 우리는 잊힐 권리의 법제화를 서둘러야 한다는 주장에 대한 논설문을 비판적으로 읽어야 해.)
④ **점검표 제시**(이 글에서 제시된 근거가 주장을 잘 뒷받침한다고 할 수 있을까?)

준거	점검표	AI의 판단 결과
타당성	주장에 대한 근거가 제시되었는가?	○, △, X
	제시된 근거가 주장을 뒷받침하는가?	○, △, X
공정성	글쓴이의 주장이 편향되지 않았는가?	○, △, X
	글 내용에 왜곡된 것은 없는가?	○, △, X
신뢰성	정보나 자료가 믿을 만한가?	○, △, X
	정보나 자료의 출처가 정확히 표기되었는가?	○, △, X

4. 자신의 평가 결과와 AI 평가 결과 중 다른 것이 있다면 무엇인지 쓰고, 누구의 평가가 조금 더 타당한지 짝과 함께 토의해 봅시다.

평가 결과가 다른 것	공정성, 신뢰성 측면에서의 평가 결과가 다르다.
누가 더 타당할까?	AI는 논설문에서 제시한 근거들은 구체적 사례와 법적 원칙을 따라 설명되므로 신뢰성이 높고, 다양한 시각에서 잊힐 권리의 필요성과 개인정보 보호에 대한 법적 근거를 다루고 있어 공정성을 유지하고 있다고 평가했다. 그러나 잊힐 권리의 필요성에 대해 다양한 시각에서 다루었다고 하기에는 낙관적인 측면만 제시되어 있다. 그리고 구체적 사례와 법적 원칙에 따라 설명되고 있지만 해당 자료들의 출처가 없는데 신뢰성이 높다고 보기는 어려울 것 같다. 나는 나의 평가 결과가 더 타당하다고 생각한다.

5. 지금까지의 활동을 바탕으로 주제에 대한 자신의 관점을 써 봅시다.(생략)

② 가짜 뉴스 판별하기

학습 목표	1. 주어진 매체 자료를 적절하게 분석하여 비판적으로 수용할 수 있다. 2. 토의를 통해 가짜 뉴스를 판별할 수 있는 기준을 세울 수 있다.		
학습 단계	학습 내용	교수·학습 활동	지도상의 유의점
도입	동기 유발	• 딥페이크의 예시를 보고 이야기를 나눈다. • 인공지능이 발달할수록 진위를 판별하기 어려운 가짜 뉴스도 증가함을 인지한다.	
전개 1	AI와 함께 가짜 뉴스 판별하기	• 모둠별로 세 가지 자료(연합뉴스 기사문, 뉴스, 유튜브 영상 갈무리)를 보고 가짜 뉴스라고 생각되는 자료를 찾아보고 그 이유(가짜라고 생각되는 부분)를 토의한다. • 해당 자료를 생성형 AI에 입력하여 진위 여부를 판별하게 한다. • 모둠별 토의 결과와 AI의 판별 결과를 비교한다. 　- 모둠에서 가짜라고 생각되는 부분과 그 이유, AI의 판별 결과와 그 이유가 어떻게 다른지 비교하여 분석하고 그 결과를 정리한다.	• 학생의 수준을 고려하여 모둠을 구성하여 협업을 통해 가짜 뉴스를 판별할 수 있게 한다.
전개 2	가짜 뉴스 진위 판별 하기	• 교사가 제시하는 '추가 자료(실제 사실에 대한 통계 및 연구 자료)'를 보고 세 가지 자료가 모두 가짜 뉴스임을 파악한다. • '추가 자료'를 바탕으로 실제와 다른(잘못된) 부분을 찾아 분석한다.	• 추가 자료는 반드시 모둠별 토의 이후에 제공한다.
전개 3	가짜 뉴스 판별 기준 세우기	• 모둠 토의를 통해 가짜 뉴스를 판별할 수 있는 기준을 3가지 이상 만든다. • 우리 모둠의 기준을 패들렛에 공유하고, 다른 모둠의 활동 결과물을 보며 평가한다. 　- 인상 깊은 부분에 대해 댓글을 남긴다.	• 가짜 뉴스 판별 기준에 대한 아이디어를 얻을 때는 부분적으로 AI를 활용할 수 있음을 안내한다.
정리	정리 및 차시 예고	• 활동을 정리하고 다음 차시 활동을 안내한다.	

평가 항목	가짜 뉴스의 진위 여부 판별하기			
활동 요소	• 주어진 매체 자료에 대해 타당한 근거를 들어 비판적으로 수용할 수 있다. • 매체 자료에 대한 생성형 AI의 판별 결과를 비판적으로 분석할 수 있다. • 모둠 토의를 통해 가짜 뉴스를 판별하는 기준을 적절하게 만들 수 있다.			
교과 역량	☐ 문화 향유 역량 ☐ 공동체·대인관계 ☑ 비판적·창의적 사고 ☑ 디지털·미디어 역량 ☐ 자기 성찰·계발 ☑ 협력적 소통 역량			
평가 방법	☑ 서술 논술 ☐ 구술 발표 ☑ 토의 토론 ☐ 프로젝트 ☐ 실험 실습 ☐ 포트폴리오 ☐ 자기 평가 ☑ 동료 평가 ☐ 관찰 평가			
평가 방향 (의도)	학생들이 가짜 뉴스의 진위를 판별하고 매체를 비판적으로 수용하는 능력을 기르는 데 중점을 두었다. 궁극적으로는 매체를 비판적으로 수용 및 생산할 수 있는 미디어 리터러시를 기르게 하고자 한다. 이를 위하여 다양한 가짜 뉴스를 분석하고 진위를 판별하는 기준을 적절하게 세울 수 있는지 평가하였다. 더불어 가짜 뉴스의 진위를 판별하는 과정에서 생성형 AI를 사용한 모둠 활동을 구성하여 학생들의 AI의 판별 결과 역시 비판적으로 수용할 수 있는지 평가하였으며, 매체를 비판적으로 분석하는 것에 있어서 타당한 근거를 수립할 수 있도록 하였다.			
평가 요소	• 주어진 매체 자료에 대해 비판적으로 수용하기 • 매체 자료에 대한 생성형 AI의 판별 결과를 비판적으로 분석하기 • 모둠 토의를 통해 가짜 뉴스를 판별하는 기준 만들기			

구분	배점	채점 기준		
매체의 비판적 수용	5	5	3	1
		타당한 근거를 들어 주어진 매체 자료를 비판적으로 수용할 수 있음.	매체 자료를 비판적으로 수용할 수 있으나 근거가 적절하지 않음.	매체를 비판적으로 수용하는 것에 어려움이 있음.
AI의 판별 결과 분석하기	5	5	3	1
		생성형 AI의 판별 결과를 비판적으로 분석할 수 있음.	생성형 AI의 판별 결과를 단순 비교 및 분석할 수 있음.	생성형 AI의 판별 결과를 분석하는 것에 어려움이 있음.
가짜 뉴스 판별 기준 만들기	5	5	3	1
		토의를 통해 가짜 뉴스를 판별하는 기준을 3가지 이상 만들 수 있음.	가짜 뉴스를 판별하는 기준을 2가지 만들 수 있음.	가짜 뉴스를 판별하는 기준을 1개 이하로 만듦.

1장에서 언급하였듯이, 미디어 리터러시 함양은 국어과에서 중요한 화두이다. 학생들이 매체를 비판적으로 읽을 수 있는 능력을 기르는 수업으로 '가짜 뉴스 판별하기'를 제안하고자 한다. 학생들에게 읽기 자료로 다양한 형태의 매체 자료(뉴스 화면 갈무리, 신문 기사, 뉴스 보도 자료)를 제시한다. 그리고 각각의 자료의 진위 여부를 동료 학생들과 토의하며 판별하게 한다. 해당 내용이 진실이라면 왜 그렇게 생각했는지, 가짜라면 왜 그렇게 생각했는지 작성하게 한다. 이후 생성형 AI를 사용하여 각각의 매체에서 다루고 있는 내용이 진짜인지 거짓인지 판별한다. 만약 모둠 이야기의 결과와 AI의 답이 다르다면 AI를 설득하여 진위 여부를 판별하게 하는 과정을 거친다(즉 AI와 논쟁을 벌이는 것이다!). AI와의 토론도 끝났다면 교사가 추가 자료를 제공하여 자료의 진위 여부를 공개한다. 아래 활동지 예시에서 자세히 확인할 수 있지만 세 가지 자료 모두 가짜 뉴스이다. 이러한 과정을 통해서 단순히 통계 자료나 보도 자료라고 해서 무비판적으로 수용해서는 안 됨을 알 수 있고, 가짜 뉴스의 위험성과 판별 능력을 기를 수 있다. 후속 활동으로 가짜 뉴스를 해결하는 방안을 토론하여 카드 뉴스로 제작하거나, 가짜 뉴스를 판별하는 점검표를 만들게 하여도 좋을 것이다.

활동지 예시

* 다음의 자료를 보고 물음에 답해 봅시다.

| 기사문 | [연합뉴스, 조재영 기자] "중금속 함유 태양광 폐패널 2040년 82만t 달해…환경오염 우려"

정부의 태양광 에너지 확대 기조로 태양광 폐패널은 급격히 늘어나지만, 이를 재활용 처리하는 시설은 턱없이 부족해 심각한 환경 오염 문제로 부상할 것이라는 지적이 나왔다. 5일 국회 산업통상자원중소벤처기업위원회 소속 국민의힘 엄태영 의원이 산업통상자원부와 환경부로부터 제출받은 자료에 따르면 태양광 폐패널의 누적 배출량은 2025년 2만 3,292t에서 2030년에는 8만 7,124t, 2040년에는 82만 29t에 이를 것으로 분석됐다.

그러나 현재 태양광 폐패널을 재활용 처리하는 민간기업은 단 1곳으로, 처리 용량은 연간 최대 3,600t에 불과하다고 엄 의원은 지적했다. 현재 재활용이 불가능한 태양광 폐패널은 매립을 통해 처리되는 실정이다. 국립환경과학원 등의 '태양광 폐패널 중금속 함량 분석 검사 결과'에 따르면, 태양광 폐패널은 구리·납·비소·크롬 |

	등의 중금속을 함유하고 있으며, 특히 구리와 납은 각각 기준치의 275배와 50배를 초과하는 것으로 나타났다. (후략)
뉴스	**[KBS 뉴스] 스마트폰 많이 쓰면 머리에 뿔난다?**
사진	[2023년 8월 뉴스 화면 갈무리] 선명히 보이는 경계…하늘에서 본 후쿠시마 오염수 방류 <출처: JTBC News '선명히 보이는 경계… 하늘에서 본 후쿠시마 오염수 방류'(2023.08.25.)>

1. 각 자료의 내용을 간단히 요약해 보고, 가짜 뉴스라고 생각되는 자료에 표시해 봅시다.

	자료의 내용	가짜 뉴스라고 생각되는 자료와 그 이유
연합뉴스 기사문	태양광 폐패널이 환경 오염의 원인이다.	• (가짜 뉴스다/가짜 뉴스가 아니다) 그 이유는 정확한 수치를 나타내고 있기 때문이다.
뉴스	스마트폰을 많이 사용하면 머리에 뿔이 생긴다.	• (가짜 뉴스다/가짜 뉴스가 아니다) 그 이유는 단지 추측일 뿐이지 자료에 대한 정확한 근거는 없기 때문이다.
뉴스 화면 갈무리	후쿠시마 오염수 방류로 인해 바다가 오염되었다.	• (가짜 뉴스다/가짜 뉴스가 아니다) 그 이유는 비슷한 내용을 뉴스에서 많이 봤기 때문이다.

2. 각 자료의 진위 여부를 생성형 AI를 활용하여 판별해 봅시다.

 [연합뉴스 기사문]
자료의 진위 여부를 판별하며 매체를 비판적으로 수용하는 국어 수업을 하고 있어. 중금속이 함유된 태양광 폐패널 때문에 환경 오염이 우려된다는 연합뉴스 기사문이 있어. 이 기사의 내용은 진짜일까? 가짜일까? 기사문은 파일로 첨부할게.

[AI의 답]

진위 여부 판단

- 출처의 신뢰성: 기사 작성은 연합뉴스 소속 기자에 의해 진행되었으며, 공식 정부기관 (산업통상자원부, 환경부)의 자료를 바탕으로 하고 있습니다.
- 데이터 제시: 기사에서 제시된 데이터와 정보는 신뢰할 수 있는 기관에서 제공받은 내용을 토대로 하고 있어 진위 여부에 대한 신뢰성을 높입니다.
- 전문가 의견: 재활용 처리 시설의 부족과 중금속 함량 분석 결과는 환경 전문가와 관련 기관에서도 주의 깊게 다루어져야 할 문제입니다.

결론

이 기사의 내용은 정부 자료와 전문가 의견을 바탕으로 신뢰할 만한 정보로 보입니다. 환경 오염 문제는 중대한 사항이며, 태양광 에너지의 지속 가능한 발전을 위해 해결해야 할 중요한 과제입니다. 추가적인 질문이나 논의가 필요하시면 언제든지 알려주세요!

 [뉴스]

스마트폰을 많이 쓰면 머리에 뿔이 난다는 KBS 뉴스가 있어. 이 뉴스의 내용은 진짜일까, 가짜일까? 해당 뉴스 링크는 다음과 같아. (링크 첨부)

1부

2부

3부

 [AI의 답]

진위 여부 판단

- 전문가 의견: 이 주장은 일부 과학 연구에 의해 뒷받침되고 있으나, '머리에 뿔'이라는 표현은 과장된 측면이 있으며, 실제로는 '후두부'의 뼈가 두꺼워지는 현상을 의미하는 것으로 해석할 수 있습니다.
- 연구 데이터: 일부 연구에서는 스마트폰이나 태블릿 기기를 오래 사용하면서 고개를 숙이는 자세가 장기적으로 두개골의 변형을 유도할 수 있다는 결론을 내렸습니다. 그러나 이러한 변형이 '뿔' 형태로 명확히 나타난다는 증거는 부족합니다.

결론

결론적으로, KBS 뉴스에서 언급된 스마트폰 사용과 관련한 '머리에 뿔'이 생긴다는 주장은 일부 과학적 연구에 기반할 수 있으나, 표현의 과장으로 인해 오해를 일으킬 수 있습니다. 이러한 주제에 대해 더 많은 연구가 필요합니다. 추가적인 질문이 있거나 더 알고 싶은 내용이 있다면 언제든지 문의해 주세요!

[뉴스 화면 갈무리]

후쿠시마 오염수 방류 때문에 바다가 오염되었다는 2023년 8월 뉴스 화면의 캡처 이미지야. 바다에서 경계가 선명히 보이는데 이게 후쿠시마 오염수 방류로 인한 오염 때문이래.

이 뉴스의 내용은 진짜일까? 가짜일까? 해당 사진은 이미지로 첨부할게.

 [AI의 답]

바다에서의 경계가 선명하게 보인다는 주장

- 뉴스 비판: 바다 경계가 선명하게 보인다는 주장은 많은 이들이 후쿠시마 오염수 방류로 인한 오염을 우려하는 근거로 사용되고 있습니다. 하지만 이러한 주장을 뒷받침할 수 있는 명확한 과학적 데이터가 부족합니다.

- 정확한 원인 분석: 실제로 바다의 색이나 경계가 나타나는 것은 여러 요인, 예를 들어 조류, 해양 생물의 활동, 해수의 온도 차이에 의해서도 발생할 수 있습니다. 따라서 이 현상을 단지 오염수 방류로만 연결 짓는 것은 신중해야 합니다.

결론

후쿠시마 오염수 방류로 인해 바다가 오염되었다는 주장은 논란의 여지가 있으며, 경계가 선명히 나타났다는 주장은 다양한 환경적 요인에 의해 발생할 수 있는 현상입니다. 따라서 단순히 오염수 방류와 관련짓는 것은 섣부를 수 있으며, 더 많은 연구와 데이터가 필요합니다. 다른 궁금한 점이 있으면 언제든지 말씀해 주세요!

---

3. 추가로 배부된 자료를 바탕으로 다음 자료들에서 잘못된 부분을 찾아봅시다.

[추가 자료 1] 대한민국 정책 브리핑

산업통상자원부는 "국내에 설치되는 태양광 모듈에는 기준치 이하의 납 이외 크롬 등 유해한 중금속은 포함되어 있지 않으며, 2021년 진천 재활용센터 등이 준공되면 연 9,700톤 규모의 재활용·처리 시설이 확보돼 2027년까지 폐패널 재활용 처리에 충분한 용량을 확보하게 된다"라고 밝혔습니다. 또한 "2023년부터 생산자책임재활용제도(EPR) 시행 예정으로 태양광 패널 생산 및 수입업자가 폐패널 재활용을 책임지게 되며, 이는 향후 재활용 산업의 활성화로 이어져 폐패널 재활용 시설 용량은 보다 확대될 것으로 전망된다"라고 덧붙였습니다. 산업부의 입장을 요약하면 다음과 같다.

- 향후 폐모듈 발생 추이 및 재활용 시설 처리 용량을 고려 시 2027년까지 폐모듈 재활용 및 처리에 문제가 없을 것으로 판단됨.

- 또한, 2023년부터 생산자책임재활용제도(EPR) 시행 예정으로 태양광 패널 생산 및 수입업자가 폐패널 재활용을 책임지게 되며, 이는 향후 폐패널 재활용 산업의 활성화로 이어져 재활용 시설 용량은 보다 확대되어 갈 것으로 전망됨. 실제로 2023년 EPR 제도 시행에 맞춰 민간 폐패널 재활용업체들이 처리 시설 신증설을 준비 중에 있음.

- 아울러 국내 설치되고 있는 태양광 모듈은 모두 크롬, 카드뮴 등 유해 중금속이 포함되어 있지 않은 결정질 실리콘계 모듈임. 다만, 셀과 전선 연결을 위해 소량의 납이 사용되고 있으나 국내 사용 중인 태양광 모듈의 납 함량은 0.009%~0.02%로 관련 환경기준(0.1%, 전자제품등자원순환법) 대비 매우 낮은 수준임.

[추가 자료 2] JTBC 뉴스(2019. 06. 26.)

[앵커] "스마트폰 많이 쓰면 머리에 뿔 난다" 요 며칠 사이에 보도된 내용입니다. 스마트폰을 이용할 때 고개를 푹 숙여 두개골이 변형된다는 겁니다. 호주 연구팀의 논문과 외신을 인용했습니다. 오대영 기자! 관련된 기사가 꽤 많았죠?

[기자] 지난 21일 연합뉴스가 가장 먼저 보도했습니다. 제목은 "젊은층 두개골에 '뿔 모양' 뼈 돌출 현상… 스마트폰 사용 탓"입니다. 이어 13개 매체들이 비슷한 기사를 냈습니다. 두개골에는 뒤통수와 목이 만나는 부분에 튀어나온 뼈가 있습니다. 스마트폰을 많이 써서 이게 더 돌출된다… 뿔처럼 자란다는 거죠.

[앵커] 그 근거는 호주에서 한 연구라는 건데, 오늘 팩트체크팀이 아예 연구진과 직접 연락을 주고 받았죠?

[기자] 네. 논문 저자 2명이 모두 이메일로 답했습니다. 연구의 핵심은 "나쁜 자세로 뼈가 돌출된다"는 것이고, "스마트폰 사용 때문이라는 것은 직접 증거가 없는 추측일 뿐"이라고 답했습니다. 특히 "뿔이란 표현은 언론이 만들어 썼다"고 했습니다. 보도 내용들은 사실이 아니라고 몇 차례 강조했습니다.

[앵커] 한마디로 말하면 논문에 쓰지도 않은 내용이 언론을 거치면서 왜곡됐다는 거네요. 실제 논문을 확인했습니까?

[기자] 네. 나쁜 자세의 예로 '스마트폰, 태블릿'을 언급하긴 했습니다. 하지만 그럴 가능성이 있다는 정도였고, '가정'이라는 점을 논문 첫머리에 분명히 밝혔습니다. 스마트폰을 오래 쓰는 게 원인이라는 연구가 아닙니다.

[앵커] 이 주제가 최근 해외에서도 꽤 논란이 되고 있다고 들었습니다.

[기자] 맞습니다. 잘못된 보도는 사실, 외신에서 시작됐습니다. 논문은 2018년 2월에 발표됐는데, 지난 13일 영국의 BBC가 "논문의 저자는 스마트폰과 태블릿에 과몰입했기 때문이라고 생각한다"고 부각해 보도했습니다. 일주일 뒤 미국의 워싱턴포스트는 "젊은 사람의 두개골에서 뿔이 자라고 있다"고 보도했습니다.

[앵커] 이런 보도들을 거치면서 증명되지 않은 가설이 마치 학술적으로 검증이 다 끝난 것으로 뒤바뀐 것이라는 거죠?

[기자] 네. 국내 대다수 언론은 워싱턴포스트의 잘못된 내용만 인용했습니다. 어제 워싱턴포스트는 여러 반론들을 모두 반영해 기사를 수정한 상황입니다.

[추가 자료 3] 사진 촬영 시각 및 오염수 방류 시각

• 해당 사진 촬영 시각: 오후 1시 5분
• 후쿠시마 오염수 방류 시각: 오후 1시 13분
• 해당 사진이 촬영된 곳은 암초가 많은 장소이며 조수의 흐름이 강한 곳이다.

연합뉴스 기사문	태양광 폐패널에는 환경 오염을 유발할 정도로 중금속이 포함되어 있지 않고, 처리 업체가 충분하므로 해당 자료는 가짜 뉴스이다.
뉴스	왜곡된 표현을 사용하였고 추측성 논문을 진짜처럼 보도했으므로 해당 자료는 가짜 뉴스이다.
뉴스 화면 갈무리	바다 생물들로 인해 색이 뿌옇게 변한 것일 뿐 바다가 오염된 것은 아니므로 해당 자료는 가짜 뉴스이다.

4. 가짜 뉴스를 판별할 수 있는 기준을 3가지 이상 만들어 패들렛에 올려 봅시다.

① 정보의 출처가 정확한지 확인한다. 연구 결과나 통계가 실제로 존재하는 문서에서 인용된 것인지, 공신력이 높은 출처인지 검증한다.

② 왜곡되거나 조작된 자료 또는 표현은 없는지 확인한다.

③ 자료나 보도가 최신의 것인지 확인한다. (보도 날짜를 확인한다.)

★ 추가 TIP!

◎ 생성형 AI와 함께하는 가짜 뉴스 만들기 수업

생성형 AI를 활용하여 학생들의 미디어 리터러시를 기를 수 있는 수업에는 '가짜 뉴스 만들기 수업'이 있다. 가짜 뉴스를 만드는 것이 도덕적으로 문제가 될 뿐 무슨 의미가 있냐고 반문하는 사람도 있겠다. 그러나 생각보다 학생들은 가짜 뉴스를 제작하는 과정에서 가짜 뉴스를 제작하는 사람의 심리, 허위 사실을 유포하는 사람들의 심리를 알게 된다. 단순히 흥미 위주로 가짜 뉴스를 제작하는 것이 아니라 가짜 뉴스를 만들면서 '가장 진짜 같은 가짜 뉴스', '가장 위험한 가짜 뉴스'를 선정하게 하여 가짜 뉴스의 특징과 위험성을 자연스럽게 인지하도록 수업을 구성할 수 있다. 가짜 뉴스의 아이디어는 있지만 기사문을 작성하는 것에 시간이 너무 오래 걸리거나 스스로 가짜 뉴스와 관련된 이미지를 생성해야 할 때 학생들이 적절히 생성형 AI를 사용하도록 지도할 수 있는 것이다.

쓰기

사용 AI | 챗GPT | 뤼튼 | 웜보

쓰기 수업에서 생성형 AI를 활용하기 전에 먼저 알아두어야 할 점이 있다.

첫째, 각 단계의 처음 시작부터 생성형 AI를 사용하지 않는다.
둘째, 생성형 AI가 정답이 아님을 학생들이 분명히 알도록 한다.
셋째, 꼭 모든 단계에서 생성형 AI를 활용할 필요는 없다. 성취 기준을 달성하는 데 있어 학생들을 도와줄 수 있는 단계에 적절히 활용하면 된다.
넷째, 학생들의 개성과 창의성을 해치지 않도록 실제 글쓰기 단계에서의 사용은 최소화한다.

쓰기 수업의 궁극적 목표는 학생들이 스스로 쓰기 과정을 수행하며 더 나은 글을 쓰기 위해 깊이 사고하는 것이다. 즉 사고력을 바탕으로 한 쓰기 수행이다. 따라서 학습자가 성공적인 쓰기를 위해 무엇을 해야 하는지에 대한 메타 인지를 활성화하는 방안으로 생성형 AI의 활용이 필요하다.

이번 쓰기 챕터에서는 일반적인 대화형 생성형 AI 전반에서 활용 가능한 프롬프트의 예시를 제시하였으므로 '챗GPT', '뤼튼', '제미나이' 모두 사용 가능하다. 덧붙여 'Dream by Wombo(이하 웜보)'와 같은 이미지 생성형 AI 활용 방법을 함께 다루었다.

1) 설명하는 글쓰기 [3)]

Step 1. 생성형 AI와 함께 수업 준비하기

학생들이 설명문의 구조와 유형을 충분히 이해하기 위해 다양한 제재의 설명문 예시와 설명 방법을 활용한 자료가 필요하다. 이럴 때 생성형 AI의 도움을 받으면 더 쉽고 빠르게 적절한 자료를 준비할 수 있다. 특히 프롬프트를 구체적으로 작성할수록 수업 상황에 딱 맞는 자료를 얻을 가능성이 높아진다.

다음 예시 1과 예시 2를 비교해 보면 프롬프트 입력 방식에 따라 생성된 답변의 질이 얼마나 달라지는지 알 수 있다.

[예시 1]

[역할 부여] 나는 중학교 국어 선생님이야.
[상황 제시-학습 상황 및 목표] 학생들이랑 국어 수업 시간에 설명문에 대해서 알아보려고 해.
[글의 유형 및 분량 등 요구 사항] 설명문의 처음, 중간, 끝 부분의 구조가 잘 드러나는 A4 1페이지 이내의 설명문 예문을 몇 개 만들어줘. 설명문의 유형도 다양했으면 좋겠어.

[예시 2]

[역할 부여] 나는 중학교 국어 선생님이야.
[상황 제시-학습 상황 및 목표] 학생들이랑 국어 수업 시간에 설명문에 대해서 알아보려고 해.
[글의 유형 및 분량 등 요구 사항] 설명문의 처음, 중간, 끝 부분의 구조가 잘 드러나는 설명문의 예문을 다양한 유형으로 만들어줘.
(각 부분 별 세부 요구사항) 설명문의 처음 부분에서는 '글을 쓰는 동기, 목적, 설명 대상에 대한 소개, 독자의 관심 끌기' 등의 내용이 적절히 드러나게 해줘. 설명문의 중간 부분에서는 설명하는 대상에 대한 자세한 설명이 드러나게 해줘. 설명문의 끝 부분에서는 지금까지의 내용을 요약 정리하고 설명 대상에 대한 의견을 덧붙이거나 전망을 덧붙이는 식으로 해줘.

---

3) 중학교에서는 '설명하는 글쓰기'로 그 학습 목표가 제시되어 있으나 글의 유형으로는 '설명문'을 학습한다. 따라서 본 글에서는 '설명하는 글'과 '설명문'을 혼용하여 사용하고자 한다.

(유의 할 점) 처음, 중간, 끝 부분에 들어가는 내용은 해당 설명문의 유형에 따라 달라질 수 있으니 설명문의 유형에 맞게 배치해줘.
(분량) 분량은 한 문단이 4~5문장 정도로 되고, 중간 부분은 3문단 이상이 되도록 만들어줘.

[AI의 답 1]
1. 정의형 설명문 - 주제: 환경 오염
처음) 환경 오염이란 자연환경이 인간 활동에 의해 훼손되고, 본래의 상태로 복원되기 어려운 상황을 말합니다. 이는 인간의 생활과 생태계에 큰 영향을 미칩니다.
중간) 환경 오염은 크게 대기 오염, 수질 오염, 그리고 토양 오염으로 나닙니다. 대기 오염은 공장과 자동차에서 배출되는 유해 가스로 인해 발생하며, 대표적인 사례로 미세먼지가 있습니다. 수질 오염은 공장에서 배출된 폐수가 강이나 바다를 오염시키는 현상입니다. 마지막으로, 토양 오염은 농약과 산업 폐기물로 인해 흙의 상태가 나빠지는 것을 뜻합니다.
끝) 결국 환경 오염은 우리의 삶과 지구 생태계를 위협합니다. 따라서 오염을 줄이기 위한 노력은 우리 모두의 책임입니다.

2. 비교형 설명문 - 주제: 지구와 화성의 차이
처음) 지구와 화성은 모두 태양계에 속한 행성이지만, 여러 면에서 차이가 있습니다. 두 행성을 비교하면 흥미로운 점들을 발견할 수 있습니다.
중간) 첫째, 대기 구성에서 차이가 있습니다. 지구의 대기는 산소와 질소가 풍부한 반면, 화성은 대부분 이산화탄소로 이루어져 있습니다. 둘째, 온도에서도 큰 차이가 나타납니다. 지구는 평균 온도가 약 15도인 반면, 화성은 평균 온도가 영하 60도입니다. 마지막으로, 물의 존재 유무가 다릅니다. 지구는 물이 풍부하지만, 화성은 극지방에 얼음 형태로 소량 존재할 뿐입니다.
끝) 이처럼 지구와 화성은 서로 다르지만, 화성 탐사가 활발히 이루어지면서 두 행성 간의 연관성을 찾으려는 노력이 계속되고 있습니다.

[AI의 답 2]
1. 정의형 설명문 - 주제: 인공지능(AI)
처음) 여러분은 '인공지능(AI)'이라는 말을 들어본 적이 있나요? AI는 이제 우리의 일상에서 빼놓을 수 없는 중요한 기술로 자리 잡았습니다. 스마트폰의 음성 비서, 온라인 쇼핑 추천 시스템 등 AI는 이미 다양한 분야에서 활약 중입니다. 이번 글에서는 AI가 무엇인지, 그리고 우리의 삶에 어떤 영향을 미치는지 알아보겠습니다.
중간) 먼저, 인공지능이란 인간처럼 사고하고 학습하며 문제를 해결하는 컴퓨터 기술을 의미합니다. AI는 데이터를 학습하고 분석하여 스스로 결정을 내릴 수 있는 능력을 갖추고 있습니다. 예를 들어, 얼굴 인식 기술은 AI가 사진 데이터를 학습해 사람의 얼굴을 구별하는 방식으로 작동합니다.

다음으로, AI는 다양한 분야에서 활용되고 있습니다. 의료 분야에서는 질병 진단과 치료 계획을 지원하며, 교육 분야에서는 학생들에게 맞춤형 학습 콘텐츠를 제공합니다. 또한, AI는 자율주행차 기술에도 사용되어 교통사고를 줄이는 데 기여하고 있습니다.

그러나 AI가 모든 문제를 해결해 주는 것은 아닙니다. AI의 한계 중 하나는 인간처럼 창의적이고 감성적인 판단을 내릴 수 없다는 점입니다. 또한, AI의 오작동이나 윤리적 문제는 해결해야 할 과제로 남아 있습니다.

끝) 결론적으로, AI는 우리의 삶을 더 편리하고 효율적으로 만드는 중요한 기술입니다. 하지만 AI의 한계를 이해하고 이를 보완할 수 있는 방법을 고민하는 것이 필요합니다. 앞으로 AI가 더욱 발전하며 우리의 미래를 어떻게 바꿀지 기대해 봅니다.

2. 과정형 설명문 - 주제: 나만의 화분 만들기

처음) 집 안을 화사하게 꾸미고 싶을 때, 나만의 화분을 만들어 보는 건 어떨까요? 화분 만들기는 어렵지 않으면서도 성취감을 느낄 수 있는 재미있는 활동입니다. 이 글에서는 화분을 만드는 과정을 단계별로 설명하겠습니다.

중간) 첫 번째 단계는 준비물 마련입니다. 화분을 만들기 위해서는 화분용 흙, 원하는 식물, 작은 자갈, 화분 용기, 그리고 장식용 소품이 필요합니다. 준비물을 미리 정리해 두면 작업이 훨씬 수월해집니다.

두 번째 단계는 화분에 배수층을 만드는 것입니다. 화분 용기 바닥에 자갈을 깔아 물이 고이지 않도록 합니다. 이 과정은 식물 뿌리의 건강을 유지하는 데 매우 중요합니다. 이후 배수층 위에 흙을 채우고, 흙을 고르게 다져 줍니다.

세 번째 단계는 식물을 심는 것입니다. 준비한 식물을 화분에 심을 때 뿌리가 손상되지 않도록 주의하며, 식물이 안정적으로 자리잡도록 흙으로 뿌리를 덮습니다. 원하는 모양으로 장식 소품을 배치해 화분의 완성도를 높일 수 있습니다.

끝) 나만의 화분을 완성했다면 적당히 물을 주고 햇빛이 잘 드는 곳에 두세요. 화분을 통해 집 안에 생기를 불어넣고, 직접 만든 작품에서 뿌듯함을 느껴 보세요. 앞으로 다양한 식물과 디자인으로 여러분만의 화분 컬렉션을 만들어 보는 것도 좋을 것입니다.

위의 예시 2처럼 생성형 AI에 요구하는 바를 세분화하면 할수록 수업 상황에 적합한 예문을 얻을 수 있다. 위에 제시한 것 외에도 학생들의 성향, 선호 주제, 학습 수준 등을 고려하여 프롬프트를 현장 상황에 따라 적절히 수정할 수 있다. 위와 비슷한 방식으로 설명 방법을 학습할 수 있는 예문도 생성형 AI를 통해 준비할 수 있다.

[역할 부여] 나는 중학교 국어 교사야.

[상황 제시-학습 상황 및 목표] 설명하는 글쓰기 수행평가를 하기 전에 다양한 설명 방법에 대해서 학습하려고 해. 내가 수업 시간에 사용할 설명 방법은 총 11개로, 다음과 같아.

[요구 사항] 다음의 설명 방법에 대한 개념을 참고해서 예문을 만들어줘. 하나의 설명 방법에 각각 3개의 예문을 만들고, 두 개 이상의 설명 방법이 복합적으로 나타나는 한 문단짜리 예문을 5개 만들어줘. 구분과 분류에 대한 예문에서는 '기준'이 명확하게 나타나도록 해줘.

1. 정의: 어떤 사물이나 용어의 뜻을 명확하게 밝혀 주는 설명 방법. 대개 '무엇은 무엇이다.'의 형태로 이루어짐.

2. 분류: 어떤 대상에 속하는 것들을 일정한 기준에 따라 상위 개념으로 종류별로 묶어서 설명하는 방법.

3. 구분: 어떤 대상에 속하는 것들을 일정한 기준에 따라 하위 개념으로 나누어가며 설명하는 방법

(중략)

11. 열거: 여러 가지 예나 사실을 낱낱이 죽 늘어놓아 설명하는 방법.

 [AI의 답]

설명 방법별 예문 (각각 3개씩) _ 답변 중 일부 제시

2. 분류

- (기준: 색상) 꽃은 색상에 따라 빨간 꽃, 노란 꽃, 흰 꽃으로 분류할 수 있다.
- (기준: 주거 형태) 주거지는 형태에 따라 아파트, 단독주택, 전원주택으로 나눌 수 있다.
- (기준: 소설의 장르) 소설은 장르에 따라 추리 소설, 로맨스 소설, 판타지 소설로 분류된다.

10. 과정

- 라면을 끓이는 과정은 물을 끓이고, 면을 넣고, 스프를 넣어 완성하는 순서로 진행된다.
- 나무를 심으려면 먼저 구덩이를 파고, 씨앗을 심고, 물을 주어야 한다.
- 도서관에서 책을 대출하려면 먼저 회원증을 발급받고, 책을 선택한 후 대출 신청을 해야 한다.

복합 설명 방법 예문 (한 문단씩, 5개)

- 정의 + 분류: 역사란 과거 인간의 삶과 사건을 기록한 학문이다. 역사는 시간에 따라 고대사, 중세사, 근현대로 분류된다.
- 구분 + 예시: 나무는 침엽수와 활엽수로 구분된다. 예를 들어, 침엽수에는 소나무가 있고, 활엽수에는 참나무가 있다.
- 비교 + 대조: 시와 산문은 모두 문학의 한 장르이다. 하지만 시는 운율과 함축적인 표현을 사용하고, 산문은 일상적인 문장으로 서술된다.

> - 인과 + 과정: 지구 온난화는 화석 연료 사용의 증가로 인해 발생한다. 이를 막기 위해
>   선, 먼저 신재생 에너지를 개발하고, 화석 연료 사용을 줄이는 과정이 필요하다.
> - 열거 + 분석: 우리나라 전통 음식으로는 김치, 된장찌개, 비빔밥이 있다. 이 음식들은
>   각각 고유의 재료와 조리 방법으로 구성되어 있다.

Step 2. 생성형 AI와 함께 수업하기

가. 학습 목표 및 수업 설계 의도

'설명하는 글쓰기'는 학생들이 설명문의 특성을 이해하고 설명 대상, 글의 목적, 예상 독자 등을 고려하여 한 편의 설명문을 스스로 완성하도록 하는 것에 그 목적이 있다. 이뿐만 아니라 그 과정에서 학생들은 정확하고 신뢰성 있는 정보를 수집하고, 글의 주제에 적절한지 판단하는 비판적 사고력을 기를 수 있다. 따라서 생성형 AI를 활용하되 학생들이 스스로 사고할 기회를 차단하지 않는 것이 중요하다. 이런 점에 유의하며 수업 및 평가를 다음과 같이 계획해 볼 수 있다.

학습 목표	1. 대상의 특성에 맞는 설명 방법을 활용하여 글을 쓸 수 있다. 2. AI가 제시하는 자료의 적절성을 판단, 활용하여 설명하는 글을 쓸 수 있다. 3. 쓰기 맥락(주제, 목적, 독자)을 고려하여 설명문을 고쳐 쓸 수 있다.		
관련 성취 기준	2015	[9국03-02] 대상의 특성에 맞는 설명 방법을 사용하여 글을 쓴다. [9국03-09] 고쳐쓰기의 일반 원리를 고려하여 글을 고쳐 쓴다.	
	2022	[9국03-01] 대상의 특성에 적합한 설명 방법을 활용하여 글을 쓴다. [9국03-08] 쓰기 과정과 전략을 점검·조정하며 글을 쓰고, 독자를 고려하여 글을 고쳐 쓴다.	
수업 흐름도	차시	교수·학습 내용	교수·학습 평가 계획
	1~2	• 도입: 제품 사용 설명서, 요리 레시피, 문화제 안내문의 공통점은? (설명문) • 전개 - 설명문의 개념, 특징 학습하기 - 설명 방법 학습하기	• 수업 전반에 대한 관찰 평가 • 설명하는 글(설명문) 및 설명 방법의 이론적 지식에 대한 형성 평가 (간단한 퀴즈)

수업 흐름도		- 예문을 통해 설명문의 특징, 구조 및 설명 방법 찾아보기 • 정리: 3분 요약 초성 퀴즈	
	3~5 (지도안, 활동지 첨부)	• 도입: 단계별 쓰기의 필요성 알기 • 전개 - 계획하기-자료 수집·선정하기-조직하기-글쓰기-고쳐쓰기 단계별 전략 학습하기 - AI를 활용하여 글쓰기 단계별 활동 수행하기 • 정리: 글쓰기 활동 마무리	• 학생의 설명문 작성 과정에 대한 수시 피드백 진행 • AI와 대화를 통해 자료를 수집·선정하는 과정에 대한 지속적인 관찰 평가
	6~7 (지도안, 활동지 첨부)	• 도입: 고쳐쓰기의 필요성 알기 • 전개 - 고쳐쓰기 점검표 제작하기 - 모둠별로 고쳐쓰기 점검표 평가 및 최종 점검표 만들기, 적용하기 - 자신의 글을 점검표에 따라 평가해 보기 vs AI와 비교하기(혹은 AI를 통해 피드백 받기) - 고쳐쓰기 • 정리: 최종 결과물 제출 및 활동 소감 작성	• 고쳐 쓰기 점검표에 대한 동료 평가 • 점검표를 활용한 자기 평가와 자기 피드백 • 최종 결과물에 대한 분석적 평가
평가 항목	설명하는 글쓰기		
활동 요소	• 설명문의 개념, 구조, 특성 및 설명 방법에 대해 이해하기 • 상황 맥락을 분석하여 글의 목적, 화제(설명 대상) 및 주제, 예상 독자 설정하기 • 글의 목적, 화제(설명 대상) 및 주제, 예상 독자를 고려하여 설명 항목(핵심 내용)을 설정하고 적절한 자료 수집, 선정하기 • 설명문의 구조, 특성 등을 고려하여 설명문 개요 작성하기 • 쓰기 맥락을 고려하고 설명 대상에 적절한 설명 방법을 활용하여 설명문 쓰기 • 쓰기 맥락을 고려하여 글 고쳐쓰기		
교과 역량	☐ 문화 향유 역량 ☐ 공동체·대인관계 ☑ 비판적·창의적 사고 ☑ 디지털·미디어 역량 ☐ 자기 성찰·계발 ☑ 협력적 소통 역량		

1부
2부
3부
4장 쓰기

평가 방법	☑ 서술 논술 ☐ 구술 발표 ☐ 토의 토론 ☐ 프로젝트 ☐ 실험 실습 ☐ 포트폴리오 ☑ 자기 평가 ☑ 동료 평가 ☑ 관찰 평가
평가 방향 (의도)	학생들은 해당 활동을 통해 첫째, 설명하는 글을 쓰는 상황 맥락을 분석하여 맥락에 맞게 글의 목적, 설명 대상, 주제, 예상 독자를 설정하게 된다. 둘째, 분석한 쓰기 상황 맥락에 적절한 자료를 수집, 선정하여 개요를 작성한다. 셋째, 앞선 활동을 바탕으로 글을 쓰고, 쓰기 맥락을 고려하여 고쳐 쓴다. 이를 통해 설명문이 단순한 정보의 나열이 아니라 쓰기 맥락을 고려하여 핵심적인 정보를 적절히 조직하고 독자가 이해하기 쉽도록 글을 쓰는 과정임을 이해하게 된다.
평가 요소	• 상황 맥락을 분석하여 글의 목적, 화제(설명 대상) 및 주제, 예상 독자 설정하기 • 글의 목적, 화제(설명 대상) 및 주제, 예상 독자를 고려하여 적절한 자료 수집, 선정하기 • 설명문의 구조, 특성 등을 고려하여 설명문 개요 작성하기 • 쓰기 맥락을 고려하고 설명 대상에 적절한 설명 방법을 활용하여 설명문 쓰기 • 쓰기 맥락을 고려하여 글 고쳐쓰기

구분	배점	채점 기준		
상황 맥락을 분석하여 글의 목적, 화제(설명 대상) 및 주제, 예상 독자 설정하기	5	5	3	1
		상황 맥락을 분석하여 글의 목적, 화제(설명 대상) 및 주제, 예상 독자를 분명히 설정함.	상황 맥락을 분석하여 글의 목적, 화제(설명 대상) 및 주제, 예상 독자를 설정하였으나 상황 맥락에 맞지 않는 부분이 부분적으로 있음.	상황 맥락을 분석하여 글의 목적, 화제(설명 대상) 및 주제, 예상 독자를 설정하지 못함
글의 목적, 화제(설명 대상) 및 주제, 예상 독자를 고려하여 적절한 자료 수집, 선정하기	5	5	3	1
		글의 목적, 화제(설명 대상) 및 주제, 예상 독자를 고려하여 적절한 항목을 설정하고 타당하고 신뢰성 있는 자료를 수집, 선정함.	글의 목적, 화제(설명 대상) 및 주제, 예상 독자를 고려하여 적절한 항목을 설정하였으나 이에 필요한 자료를 수집하는 데 미흡함.	글의 목적, 화제(설명 대상) 및 주제, 예상 독자를 고려하여 적절한 항목을 설정하고 이에 필요한 자료를 수집하는 데 모두 미흡함.
설명문의 구조, 특성 등을 고려하여 설명문 개요 작성하기	5	5	3	1
		설명문의 구조, 특성 등을 고려하여 처음-중간-끝에 들어갈 모든 항목을 적절하게 개요 형식으로 작성함.	설명문의 구조, 특성 등을 고려하여 처음-중간-끝에 들어갈 일부 항목을 적절하게 개요 형식으로 작성함.	설명문의 구조, 특성 등을 고려하여 처음-중간- 끝에 들어갈 항목을 개요로 작성하지 못함.

쓰기 맥락을 고려하고 설명 대상에 적절한 설명 방법을 활용하여 설명문 쓰기	10	5	3	1
		타당한 기준을 바탕으로 주어진 요약문을 적절하게 평가할 수 있음.	주어진 요약문을 평가할 수 있음.	주어진 요약문을 평가하는 데에 어려움이 있음.
		설명 대상에 대한 핵심 내용을 구체적으로 제시함.	설명 대상에 대한 핵심 내용을 제시했으나 구체성이 부족함.	설명 대상에 대한 핵심 내용을 제시하지 못함.
쓰기 맥락을 고려하여 글 고쳐쓰기	5	5	3	1
		쓰기 맥락을 고려하여 내용, 표현, 구조 측면에서 고쳐 쓸 부분을 확인하고 이를 반영하여 글을 고쳐 씀.	쓰기 맥락을 고려하여 내용, 표현, 구조 측면에서 고쳐 쓸 부분을 확인하였으나 이를 적절히 반영하지 못함.	쓰기 맥락을 고려하여 내용, 표현, 구조 측면에서 글을 고쳐 쓰는 활동을 하지 못함.

나. 수업 들여다보기

학습 목표	1. 대상의 특성에 맞는 설명 방법을 활용하여 글을 쓸 수 있다. 2. AI가 제시하는 자료의 적절성을 판단, 활용하여 설명하는 글을 쓸 수 있다.	차시	3~5차시/ 7차시
학습 단계	**학습 내용**	**교수·학습 활동**	**지도상의 유의점**
도입	동기 유발	• 단계별 쓰기의 필요성 알기 - 아무 준비 없이 한 페이지의 글을 쓴다면 어떨까? 질문을 통해 글쓰기 계획 및 단계의 필요성을 생각할 수 있도록 한다. - 글쓰기에도 단계가 있으며 그 단계별 전략을 따를 때 더 쉽게 글을 쓸 수 있음을 안내한다.	
전개 1	글쓰기 단계별 전략 학습 및 수행하기	• 글쓰기 단계 학습 - 일반적으로 글쓰기는 '계획하기-자료 수집 및 선정하기-조직하기-글쓰기-고쳐쓰기'의 다섯 단계로 이루어짐을 학습한다. • 계획하기 단계 활동	• 글쓰기 각 단계를 선형적인 단계로 인식하지 않도록 유의한다.

		- 계획 단계에서 쓰기 상황을 분석하는 과정의 중요성을 학습한다. - 상황을 분석하여 예상 독자, 글의 목적, 설명 대상 및 주제, 핵심 내용 등을 설정한다. • 자료 수집, 선정 및 조직 단계 활동 - 생성형 AI를 활용하여 필요한 자료의 출처를 얻을 수 있음을 안다. - 신뢰성, 정확성, 타당성, 주제 및 예상 독자와의 적합성 등을 고려하여 자료의 출처/ 자료의 내용 등을 평가, 자료를 선정한다. - 설명문의 구조와 글의 통일성 및 흐름 등을 고려하여 내용을 조직한다. • 글쓰기 단계 활동 수행 - 선정 및 조직한 자료를 바탕으로 스스로 글을 쓴다.	• 일반적으로 다섯 단계로 이루어져 있으나 상황에 맞추어 조절할 수 있으며 내용 선정, 조직 단계를 함께 수행할 것임을 안내한다. • 글쓰기 단계에서는 AI를 활용하지 않고 학생들이 스스로 글을 쓸 수 있도록 한다.
정리	글쓰기 활동 마무리	• 활동지 및 작성한 글 제출 • 다음 차시 고쳐쓰기 활동 예고	

학습 목표	1. 쓰기 맥락(주제, 목적, 독자)를 고려하여 설명문을 고쳐 쓸 수 있다.		차시	6~7차시/ 7차시
학습 단계	학습 내용	교수·학습 활동	지도상의 유의점	
도입	동기 유발	• 고쳐쓰기의 필요성 알기 - 베르나르 베르베르는 《개미》를 몇 번 고쳐 썼을 지 맞춰보기 (120번) - 유명한 작가들도 고쳐쓰기를 반복하는 것을 통해 고쳐쓰기의 필요성 알기	• 유명 작가들의 고쳐쓰기 일화를 모아 놓은 기사 활용 (https://www.dailytw.kr/news/articleView.html?idxno=30204)	
전개 1	고쳐쓰기 점검표 제작하기	• 고쳐쓰기 점검표 제작 - 고쳐쓰기 점검표를 제작할 때 '설명문'의 특징 및 쓰기 맥락을 고려하여 내용, 표현, 구조의 항목으로 나누어 고쳐쓰기 점검표를 작성한다. - 쓰기 맥락에 대한 고려가 반영될 수 있도록 한다.	• 교실 상황을 고려하여 자기 평가대신 동료 평가를 진행할 수 있다.	

		• 모둠별로 고쳐쓰기 점검표 평가 및 최종 점검표 제작 　- 모둠별로 고쳐쓰기 점검표를 공유하고 수정하여 최종 점검표를 완성한다. • 자기 평가 및 피드백 　- 점검표를 바탕으로 자신의 글을 '상-중-하'로 평가, 피드백하고 그 근거를 제시한다. • AI 활용 평가 및 피드백 　- 점검표와 글을 AI에 제공하고 평가, 피드백 받아 내용을 기록한다. 　- AI로부터 받은 피드백이 적절한지 평가하고 자신이 한 평가 및 피드백과 비교한다. 　- 비교 결과 더 마음에 드는 것을 고르고 이유를 적는다.	• 모둠별로 점검표를 평가하고 최종 점검표를 제작할 때는 점검표에 꼭 들어가야 할 항목에 대한 근거를 바탕으로 토론을 거쳐 선정할 수 있도록 한다. • 학습자가 자기 평가 및 피드백이 어려운 경우 AI 활용 평가 및 피드백만 진행할 수도 있다. • 자기 평가 결과와 AI의 평가 결과를 비교할 때는 둘 중 어느 것이 더 적절하다고 생각했는지 이유를 적도록 하여 무분별하게 AI의 답을 수용하지 않도록 한다.
전개 2	점검 후 고쳐쓰기	• 피드백을 바탕으로 고쳐쓰기 　- 피드백을 바탕으로 수용할 부분과 수용하지 않을 부분을 결정하고 글을 고쳐 쓴다. 　- 피드백을 수용하지 않을 경우, 그에 대한 이유를 작성한다.	
정리	정리하기	• 최종 결과물 제출 및 활동 소감 작성	

① 계획하기

계획하기 단계에서는 구체적인 상황 맥락을 제공하여 학생들이 글의 주제와 예상 독자를 명확히 설정하도록 도와야 한다. '계획하기' 단계에서 세부 계획을 잘 수립하는 것이 쓰기 결과물의 성패를 좌우하지만, 학생들이 이 단계를 수행하는 경우 제대로 이루어지지 않는 일이 다반사이다. 특히 학생들은 글의 맥락을 분석하여 예상 독자, 글의 주제 등을 설정하는 데 어려움을 겪는다. 계획하기 단계에서 이를 잘하지 못하면 결국 주제에 적절한 자료를 선정하고 조직하는 것 역시 성공적으로 수행하지 못하는 경우가 많으므로 이 단계를 성공적으로 수행할 수 있도록 도와야 한다.

이때 생성형 AI와의 대화 과정을 활용할 수 있다.

주제	생성형 AI와의 대화 과정을 활용해 예상 독자와 글의 목적이 글의 내용 구성에 미치는 차이 보이기
방법	**효과**
AI와의 대화 과정 보여주기: 예상 독자와 글의 목적을 구체화하지 않은 경우와 한 경우의 차이를 비교 ※ 교사의 시범으로 보여줄 것.	글의 주제를 명확히 하고 내용을 구성하는 데 이 과정이 얼마나 중요한지 가시적으로 보여줄 수 있음 ⇨ 계획하기 단계의 필요성과 중요성 인식 가능

이를 구체화하면, '축구'를 설명 대상으로 선정한 두 학생을 가정하고 두 학생의 차이를 프롬프트를 통해 다음과 같이 제시할 수 있다.

[학생1]

 축구에 대해 설명하는 글을 쓰고 싶어. 축구에 대해 쓰면 좋을 내용을 추천해 줘.

 [AI의 답]
축구에 대한 글을 작성할 때 아래와 같은 내용을 포함하면 흥미롭고 완성도 높은 글이 될 수 있어요.

1. 축구의 기본 정보
- 축구의 기원: 축구가 어떻게 시작되었고, 지금의 스포츠로 발전하게 되었는지 설명
- 규칙과 경기 방식: 경기 인원, 시간, 주요 규칙(오프사이드, 페널티킥 등)을 간단히 정리
- 주요 장비: 축구공, 신발, 유니폼 등
2. 축구의 매력
- 전 세계적 인기: 축구가 전 세계에서 가장 사랑받는 스포츠인 이유
- 단합의 스포츠: 팀워크와 전략이 중요한 점
- 단순하지만 깊이 있는 규칙: 누구나 쉽게 배울 수 있지만 경기에서는 다양한 전략이 사용된다는 점
3. 축구와 문화
- 유명한 축구 대회: FIFA 월드컵, UEFA 챔피언스 리그 등 주요 대회 소개
- 축구와 팬 문화: 응원가, 경기 응원 스타일, 축구 팬들의 열정
- 각국의 축구 스타일: 브라질의 화려한 드리블, 독일의 체계적 플레이 등

4. 축구 스타와 레전드
- 축구 역사에 남을 선수들: 펠레, 마라도나, 메시, 호날두 등
- 그들의 주요 업적과 스타일

5. 축구가 주는 교훈
- 스포츠 정신: 승리와 패배를 받아들이는 태도
- 협력과 노력의 중요성: 축구를 통해 배울 수 있는 인생의 가치들

6. 축구와 나
- 축구와 관련된 개인적인 경험이나 기억
- 축구가 나에게 준 의미 또는 배운 점

7. 미래의 축구
- 기술 발전과 축구: VAR(비디오 판독 시스템), AI 심판 도입 가능성
- 환경 문제와 축구: 친환경 경기장, 지속 가능한 유니폼 제작

위 주제들 중에서 관심 있는 내용을 선택해 글을 쓰면 독자가 흥미를 느낄 수 있을 거예요. 혹시 특정한 방향으로 글을 더 발전시키고 싶으면 알려 주세요!

[학생2]

축구에 대해 설명하는 글을 쓰고 싶어. 이 글을 읽을 사람은 남자 친구가 축구를 매우 좋아하고 함께 축구 경기를 보러 가기로 약속을 했는데, 축구에 대해서 전혀 모르는 상황이야. 이런 예상 독자에게 축구에 대해 쉽게 설명하는 글을 쓸 때 어떤 내용으로 쓰면 좋을지 추천해 줘.

[AI의 답]
축구에 대해 전혀 모르는 사람에게 축구를 쉽게 설명하는 글을 쓸 때는, 친근하고 이해하기 쉬운 방식으로 설명하는 것이 중요해요. 특히 상대방이 축구를 좋아한다면 축구의 매력을 중심으로 이야기를 풀어내는 것이 좋겠죠. 아래는 추천할 만한 내용입니다.

1. 축구가 뭐야?
- 간단한 소개: 축구는 두 팀이 공을 차서 상대방 골에 넣어 점수를 얻는 스포츠야. 각 팀은 11명으로 구성되고, 가장 많은 골을 넣은 팀이 이겨!
- 특징: 손을 쓰면 반칙이야! 골키퍼만 공을 손으로 만질 수 있어.

2. 축구 경기, 어떻게 진행돼?
- 시간: 축구 경기는 전반 45분, 후반 45분, 총 90분 동안 진행돼. 필요하면 연장전이나

승부차기(페널티킥)를 할 때도 있어.

- 목표: 상대방 골대에 공을 넣으면 1점! 단순하지만 박진감 넘치는 스포츠야.
- 경기장의 모습: 경기장은 직사각형이고, 골대가 양쪽 끝에 있어.

3. 축구를 보는 꿀팁

- 눈여겨볼 포인트:
  - 공을 패스하고 슛하는 선수들의 움직임.
  - '골'이 터질 때 관중들의 환호성! 정말 짜릿해.
  - 팀마다 서로 다른 전략: 수비에 집중하는 팀, 공격을 화려하게 하는 팀 등이 있어.
- 주요 룰:
  - 오프사이드: 공격수가 공을 받을 때 상대 수비보다 골대에 더 가까우면 반칙이야.
  - 코너킥과 프리킥: 골 근처에서 상대 팀의 반칙이 있으면 발생하는 흥미로운 장면!

4. 축구를 좋아하는 이유, 조금 이해하기

- 흥미진진한 순간: 골이 터질 때의 감동은 말로 표현하기 어려워. 특히 연장전이나 승부차기에서의 긴장감은 최고야!
- 전략 게임: 단순히 공을 차는 게 아니라 팀워크와 머리를 쓰는 전략이 중요해.
- 팬들의 열정: 응원가를 부르고 팀을 응원하는 모습은 정말 에너지 넘쳐. 함께 경기를 보며 이런 분위기를 느껴 보자!

5. 함께 축구를 보며 즐기기

- 경기를 보러 갈 때 좋아하는 팀의 색깔을 입고 가면 더 재밌어.
- 골이 들어가면 "골~!!!" 외치면서 즐겨 봐.
- 축구는 단순히 스포츠가 아니라 함께 즐기고 열광하는 순간이야. 남자 친구와 함께하면 더 특별한 추억이 될 거야!

이런 내용을 바탕으로 글을 쓰면, 축구에 대해 흥미를 느끼게 하고 경기장에서 더 즐겁게 관람할 수 있도록 도와줄 수 있을 거예요. 필요하면 글을 함께 작성해 줄게요!

이후 학생들이 관심 있어 할 만한 상황을 몇 가지 제시하고 이를 바탕으로 설명 대상과 예상 독자를 분석하는 활동을 진행하여 학생들이 글쓰기 상황 맥락을 정확히 분석하는지 평가할 수 있다. 이때 학생들이 관심 있어 할 만한 상황 역시 생성형 AI를 활용하여 설정할 수 있다. 다음 활동지의 <보기>는 생성형 AI와의 대화를 통해 얻은 상황 중 몇 가지를 각색하여 적은 것이다.

나는 중학교 국어 교사야. 학생들과 설명하는 글쓰기 수업을 하려고 해. 학생들에게 설명 대상, 예상 독자, 주제 등을 분석하고 설정할 수 있는 아주 구체적인 상황이 필요해. 예를 들면, '방학 때 난생 처음으로 서울로 놀러 오는 다른 지역 중학생들에게 서울에 대해 소개하는 상황이나, 남자친구와 함께 축구 경기를 보러 가기로 했는데 축구를 전혀 몰라서 도움을 요청한 친구에게 축구에 대해 설명하는 상황' 등을 한 10가지만 상황을 만들어 줘.

[AI의 답]

1. 여행 가이드북 작성

상황: 외국에서 온 친구가 처음으로 한국에 놀러 왔어요. 서울의 주요 관광지를 소개하고 싶어요.

예상 독자: 한국에 대해 잘 모르는 외국인 친구

주제: 서울의 랜드마크(예: 경복궁, 남산타워)와 전통 시장(예: 광장시장) 소개

(중략)

4. 강아지를 처음 키우는 친구 돕기

상황: 친구가 처음으로 강아지를 키우기로 했어요. 강아지와 잘 지내는 법을 알려주세요.

예상 독자: 반려동물에 대한 경험이 없는 친구

주제: 강아지의 식사, 산책, 훈련 방법

(중략)

7. 전학 오는 친구를 위한 학교 소개

상황: 다른 지역에서 전학 온 친구가 학교생활에 적응할 수 있도록 안내를 작성해요.

예상 독자: 학교에 처음 오는 전학생

주제: 학교 시설, 교칙, 친해지기 좋은 활동

활동지 예시

Ⅰ. 설명하는 글쓰기 계획하기

1. 다음 <보기>에서 몇 가지 글쓰기 상황 중 하나를 선택해 봅시다.

- 회색 글자 부분은 여러분들이 원하는 내용으로 수정 가능합니다.

- 방학 때 난생 처음으로 [서울]로 놀러 오는 다른 지역 중학생들에게 [서울]에 대해 소개하는 상황
- 오늘 막 우리 학교로 전학 온 친구를 위해 우리 학교에 대해 소개하는 상황

- 어렸을 때 [고양이]를 키웠던 친구가 곧 [강아지]를 키울 계획을 하고 있다며 [강아지]는 어떻게 키워야 하는지, [고양이]와는 어떻게 다른지 물어봐서 알려주기로 한 상황
- 곧 중학교 입학을 앞둔 동생을 위해 중학교 생활을 잘할 수 있도록 조언해 주는 상황
- 기타) 내가 설명하고 싶은 내용에 알맞은 상황을 구성해 보기

2. 위에서 고른 상황의 맥락을 분석해서 나의 글의 설명 대상과 주제, 예상 독자를 설정해 봅시다.

① 내가 고른 상황: 방학 때 난생 처음으로 [서울]로 놀러 오는 다른 지역 중학생들에게 [서울]에 대해 소개하는 상황

② 설명 대상: 서울의 여행 장소(관광지 및 맛집, 대중교통 등)

③ 예상 독자의 특성: 서울에 와 본 적이 없어서 서울의 지리 및 특성에 대해서 잘 알지 못함. 중학생이고 남자와 여자가 섞여 있음.

④ ①~③을 고려했을 때 내가 쓸 글의 목적: 서울의 여행 장소를 소개해서 서울에서 즐거운 시간을 보낼 수 있도록 도와주는 것

⑤ ①~④를 고려했을 때 내가 쓸 글의 주제 및 핵심 내용(설명 항목):

- 주제) 중학생들이 가기 좋은 서울의 여행 장소 소개
- 핵심 내용) 성별에 상관없이 중학생들이 가기 좋은 서울의 놀거리 장소, 맛집

  서울의 랜드마크(남산, 한옥마을, 경복궁 등)

  랜드마크 근처의 맛집이나 랜드마크를 더 잘 즐길 수 있는 방법

  소개하는 장소로 가는 길/교통편 등

② 자료 선정 및 조직하기

자료 생성 및 조직 단계에서는 학생들이 자료를 수집하고 자신의 글쓰기 목적과 주제, 예상 독자에 적절한지 스스로 판단할 수 있어야 한다. 따라서 위의 계획하기 단계에서와 같이 생성형 AI에 어떤 자료가 좋을지 물어보는 것은 학생들이 스스로 생각하는 과정이 잘 일어나지 않을 수 있어 조심해야 한다. 대신 학생들은 생성형 AI를 활용하여

어디에서 자료를 얻을 수 있을지 자료의 출처에 대한 정보를 얻을 수 있다. 이때는 빈칸 형식의 프롬프트를 학생들에게 제공하고 빈칸 부분을 바꿔 작성하게 하면 된다. 그리고 생성형 AI와 대화 과정을 기록하고 그 과정에서 자신이 어떤 자료의 출처 및 자료를 선택했는지 그 이유를 밝히게 함으로써 학생들이 자료의 적절성을 판단하는 기회를 제공할 수 있다. 프롬프트 및 학생들의 활동 과정을 활동지로 제시하면 다음과 같다.

활동지 예시

Ⅱ. 설명하는 글을 쓰기 위한 자료 선정, 조직하기

1. 'Ⅰ. 계획하기' 단계의 내용을 바탕으로 아래의 프롬프트를 활용하여 자료를 수집해 봅시다. [빈칸] 부분에 적절한 내용을 넣어 생성형 AI에 질문해 보세요.

[프롬프트]
나는 국어 시간에 설명하는 글쓰기 수행평가를 하고 있는 중학교 2학년 학생이야. 내가 선택한 설명 대상은 [축구]이고, 이 글의 주제는 [축구 경기를 즐기기 위한 기본 축구 상식]이야. 이 글을 읽을 예상 독자는 [축구에 대해서 잘 모르고, 한 번도 실제로 축구 경기를 본 적 없는데 남자친구와 축구 경기를 보러 가는 여학생]이야. [축구]에 대한 정보를 어디에서 얻으면 좋을까? 정보를 얻을 수 있는 책이나 믿을 만한 사이트를 알려줘.

① 내가 쓴 프롬프트: 나는 국어 시간에 설명하는 글쓰기 수행평가를 하고 있는 중학교 2학년 학생이야. 내가 선택한 설명 대상은 서울의 여행 장소이고, 이 글의 주제는 중학생들이 가기 좋은 서울의 여행 장소에 대한 소개야. 이 글을 읽을 예상 독자는 서울에 와 본 적이 없어서 서울의 지리 및 특성에 대해서 잘 알지 못하는 중학생이야. 서울의 여행 장소에 대한 정보를 어디에서 얻으면 좋을까? 정보를 얻을 수 있는 책이나 믿을 만한 사이트를 알려줘.

② 생성형 AI에 받은 답을 적고 답을 평가해 봅시다.

※ 평가하기 위해서는 책을 검색하여 목차를 살펴보고, 사이트에 직접 들어가 살펴봐야 합니다.

＜평가 기준＞

- 답에 대해 평가해 봅시다.
  - 신뢰할 수 있는 출처인가요?
  - 내용이 정확하다고 할 수 있나요?
  - 사실인가요? 의견인가요?
  - 글의 주제와 예상 독자를 고려했을 때 적절한 것 같나요?
- 추천받은 '책/사이트'를 사용할 건가요?
  - 사용하겠다/하지 않겠다.
  - 그 이유는 무엇인가요? (위의 평가 기준을 활용해서 답해 봅시다.)

생성형 AI로부터 받은 답	답에 대한 평가
《서울, 어디까지 가봤니?》 서울의 다양한 여행 코스를 소개하며, 중학생들도 쉽게 이해할 수 있는 내용이 많아 좋아.	인터넷에 해당 책에 대한 정보를 검색해보니 실제 책 제목은 《원더랜드 서울》이고 부제가 '서울, 어디까지 가봤니?'였다. AI의 답이 정확한 것은 아니니 꼭 교차 확인이 필요한 것 같다. 서울의 곳곳의 명소를 소개하면서도 비슷한 지역끼리 묶어서 소개하고 있어서 여행지 추천에 활용하기 적절할 것 같다.
네이버 블로그 네이버에서 "중학생 추천 서울 여행지"라고 검색하면 중학생 눈높이에 맞는 여행 코스나 장소를 정리한 블로그 글을 많이 찾을 수 있어.	
…	…

③ 생성형 AI와 추가로 나눈 대화가 있다면 적어 봅시다.

나의 질문	생성형 AI의 답
블로그 글을 신뢰할 수 있을까? 나는 공식적인 출처의 사이트를 알고 싶어.	생략
…	…

2. '1.'에서 생성형 AI와의 대화를 통해 얻은 출처나 다른 곳에서 자료를 찾아 적어 봅시다.

- 나의 경험도 중요한 자료가 될 수 있습니다. 다만, 나의 경험을 활용할 경우 주관적인 글이 되지 않도록 조심하세요!

자료	출처

3. 자료를 어디에 어떻게 사용하면 좋을까요? <예시>를 참고하여 개요를 작성해 봅시다.

<예시>

단계	구성	활용할 자료 및 설명 방법
처음	• 흥미 유발 - 축구 관련 공통 경험(2002월드컵, 유명한 선수 등) • 글의 목적 및 설명 대상 소개	• 2002월드컵 관련 기사
중간	• 축구 기본 정보 설명 - 경기 참여 선수의 수 - 포지션 • 축구 경기 기본 규칙 - 경기 시간 - 반칙 + 패널티 • 축구 경기 관람 포인트	• 책《생각하는 축구 교과서》 - 축구의 개념 설명: 정의 - 레드카드와 옐로카드의 차이 설명: 비교/대조
끝	• 요약·정리 • 독자에게 하고 싶은 말	

단계	구성	활용할 자료 및 설명 방법
처음		

중간		
끝		

③ 표현하기(글쓰기)

물론 글쓰기는 학생들이 스스로 작성할 때 그 의미가 있으므로 이 단계에서는 글쓰기에 활용할 매체 자료 생성을 위해 생성형 AI의 이미지 생성 기능을 활용할 수 있다. 챗GPT나 뤼튼과 같은 대화형 AI에 이미지 생성 기능을 활용해도 되고 'DALL-E(달리)', '웜보' 등과 같이 이미지 생성에 초점을 둔 생성형 AI를 활용할 수도 있다. 웜보의 경우 이메일로 회원 가입이 가능하고, 무료 버전에서도 이미지의 스타일을 선택할 수 있다는 점에서 장점이 있다.

〈생성형 AI '웜보'에서 제작한 이미지〉

프롬프트: 관람객들로 가득 찬 경기장에서 축구를 하는 선수들의 모습
아트 스타일: 만화v3

프롬프트: 축구 경기장에서 심판이 선수에게 레드카드를 주는 모습
아트 스타일: 만화v3

프롬프트: 축구 경기를 관람하는 신난 커플의 모습. 축구 응원 용품을 들고 있음.
아트 스타일: 만화v3

물론 완벽하게 원하는 이미지를 얻기까지는 여러 차례 프롬프트를 수정해야 한다. 원하는 이미지를 얻기 위해서 어떤 내용이 프롬프트에 추가되어야 하는지, 어떤 내용이 빠져야 하는지 등을 고민하는 과정에서 학생들은 생성형 AI를 활용하는 방법을 자연스럽게 학습하게 될 것이다.

✓ 생성형 AI '웜보'로 이미지 만들기

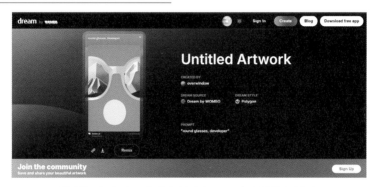

① '웜보' 사이트에 접속하여 'Create' 버튼을 누른다.
- 로그인하지 않아도 이미지를 생성할 수 있어 활용하기 좋다.

② 'Enter prompt'에 원하는 이미지 프롬프트를 입력하고,
'Art Style'에서 원하는 스타일을 선택한 후 'Create'를 눌러 이미지를 생성한다.

③ 생성된 이미지 왼쪽 하단의 '다운로드' 버튼을 눌러 이미지를 다운로드한다.

④ 고쳐쓰기

고쳐쓰기 단계에서는 쓰기 결과물 및 자기 평가의 타당성을 점검하는 차원에서 생성형 AI 활용이 가능하다. 학습자의 수준과 수업 목표에 따라 생성형 AI를 활용하는 방법을 두 가지로 생각해 볼 수 있다.

첫째, 점검표를 활용하여 자기 평가 후 AI로부터 받은 평가, 피드백과 비교하기

둘째, AI에 점검표와 작성한 설명문을 제시하고 피드백 받기

만약 학습자가 메타인지 활용 능력이 뛰어나고 학습자 스스로 고쳐쓰기 과정을 원활하게 수행할 수 있다면 첫 번째 방법을 활용했을 때 글쓰기 맥락을 고려하여 글을 점검하는 역량을 키울 수 있을 것이다. 하지만 학습자의 수준이 높지 않고 교사가 개별 피드백 과정에서 AI를 보조 교사로 활용하여 설명문 쓰기 결과물의 완성도를 높이고자 한다면 두 번째 방법이 더 효과적일 것이다. 여기에서는 점검표를 AI에 제공하고 이를 바탕으로 글을 평가받는 방법에 대해서 제시해 보겠다. 학생들에게 프롬프트를 빈칸형으로 제시하고 모둠 내에서 최종적으로 결정한 점검표와 자신의 글의 정보에 따라 수정하여 사용하게 하면 된다.

점검표 예시

항목	점검 기준	점검 결과
내용	글의 목적, 주제, 예상 독자를 고려했을 때 적절한 내용으로 구성하였는가?	상 – 중 – 하
	설명 대상에 대한 사실적이고 객관적인 내용으로 구성하였는가?	상 – 중 – 하
표현	설명 대상에 대한 정보를 전달하기에 적절한 설명 방법을 사용하였는가?	상 – 중 – 하
구조	설명문의 처음, 중간, 끝의 구조에 적절한 내용으로 작성하였는가?	상 – 중 – 하

 나는 중학교 국어 시간에 수행평가로 설명문을 작성했어. [글 정보]와 [기준]을 참고하여 [내 글]을 기준별로 각각 '상, 중, 하'로 평가하고 피드백을 해줘.

[글 정보] 설명 대상은 (축구)이고, 이 글의 주제는 (축구 경기를 즐기기 위한 기본 축구 상식)이야. 이 글을 읽을 예상 독자는 (축구에 대해서 잘 모르고, 한 번도 실제로 축구 경

기를 본 적 없는데 남자친구와 축구 경기를 보러 가는 여학생)이야.

[기준]

1. 내용 측면 - 글의 목적, 주제, 예상 독자를 고려했을 때 적절한 내용으로 구성하였는가?

2. 내용 측면 - 설명 대상에 대한 사실적이고 객관적인 내용으로 구성하였는가?

3. 표현 측면 - 설명 대상에 대한 정보를 전달하기에 적절한 설명 방법을 사용하였는가?

4. 구조 측면 - 설명문의 처음, 중간, 끝의 구조에 적절한 내용으로 작성하였는가?

[내 글] …

[사용한 글 전체 내용]

대한민국에서 축구는 많은 사람들의 사랑을 받는 스포츠입니다. 특히 2002년 한일 월드컵에서 대한민국이 4강에 오른 사건은 누구나 한 번쯤 들어봤을 것입니다. 최근에는 손흥민 선수가 국제무대에서 활약하며 축구 팬들의 자부심을 더하고 있습니다. 그런데 혹시 축구에 대해 잘 모르는 상태에서 경기를 보러 간다면 조금 막막하지 않을까요? 오늘은 축구 경기를 처음 접하는 분들을 위해 기본 축구 상식을 알려드리겠습니다. 축구를 즐기기 위한 첫걸음, 지금 시작합니다!

축구는 한 팀에 11명의 선수가 참여하여 상대 팀의 골에 공을 넣는 스포츠입니다. 각 선수는 맡은 역할에 따라 골키퍼, 수비수, 미드필더, 공격수라는 포지션으로 나뉩니다. 골키퍼는 오직 골을 지키는 역할을 하며, 유일하게 손을 사용할 수 있습니다. 수비수는 상대 공격을 막고, 미드필더는 공을 연결하며 경기의 중심을 잡습니다. 마지막으로 공격수는 골을 넣기 위해 상대 진영에서 활약합니다. 이 포지션들을 알면 선수들의 움직임이 더욱 흥미롭게 보일 것입니다.

축구 경기는 총 90분 동안 진행되며, 전반 45분, 후반 45분으로 나뉩니다. 경기 중 공이 라인을 벗어나거나 반칙이 발생하면 시간이 멈추지 않으므로 실제 경기 시간은 더 길어질 수 있습니다.

반칙 중 가장 주의 깊게 봐야 할 규칙은 오프사이드입니다. 공격수가 상대 골문 가까이 있을 때 공이 패스되는 순간, 상대 수비보다 앞서 있으면 반칙으로 간주됩니다. 또한, 경기 중 심각한 반칙이 발생하면 심판은 옐로카드나 레드카드를 통해 경고나 퇴장을 명령합니다. 이 외에도 패널티킥, 프리킥 같은 상황에서 경기의 흐름이 결정되기도 합니다. 이런 규칙을 알면 경기를 보면서 혼란을 줄일 수 있습니다.

축구는 단순히 공을 차는 것이 아니라 전략과 팀워크가 핵심인 스포츠입니다. 경기 관람 중에는 패스 연결과 슈팅 방향을 주목해 보세요. 어떤 선수가 공을 잡았을 때 경기가 어떻게 전개될지 예측하는 재미가 있습니다. 또한, 응원 문화도 놓치지 마세요! 팀별로 다채로운 응원가를 따라 부르고, 함께 환호하다 보면 경기장의 열기를 느낄 수 있습니다.

축구는 누구나 쉽게 즐길 수 있는 스포츠이지만 기본적인 상식을 알고 보면 훨씬 더 재미있습니다. 오늘 소개한 내용만 이해해도 처음 보는 축구 경기가 훨씬 흥미로울 거예요. 축구 경기를 즐기며 좋은 추억을 만들길 바랍니다. 그리고 친구에게 축구의 매력을 소개하는 멋진 파트너가 되길 응원합니다!

[AI의 답]

평가 및 피드백

1. 내용 측면 - 글의 목적, 주제, 예상 독자를 고려했을 때 적절한 내용으로 구성하였는가?

- 평가: 상

- 피드백: 예상 독자인 '축구를 처음 접하는 여학생'의 입장을 고려하여 기본적인 정보와
함께 흥미를 느낄 수 있는 내용을 적절히 구성했어요. 축구의 규칙, 포지션, 응원 문화
등 초보자에게 유용한 정보를 포함한 점이 훌륭합니다.

2. 내용 측면 - 설명 대상에 대한 사실적이고 객관적인 내용으로 구성하였는가?

- 평가: 상

- 피드백: 축구의 기본 규칙과 포지션 설명, 경기 진행 방식 등 사실적이고 객관적인 정
보를 중심으로 작성했어요. 복잡한 내용을 간단명료하게 정리하여 독자가 쉽게 이해
할 수 있도록 한 점이 좋습니다.

3. 표현 측면 - 설명 대상에 대한 정보를 전달하기에 적절한 설명 방법을 사용하였는가?

- 평가: 상

- 피드백: 설명문의 전개 방식이 자연스럽고, 독자의 이해를 돕기 위해 질문을 던지거나
예를 드는 방식이 효과적이었어요. '오프사이드'와 같은 규칙 설명도 초보자의 눈높이
에 맞게 잘 풀어냈습니다.

4. 구조 측면 - 설명문의 처음, 중간, 끝의 구조에 적절한 내용으로 작성하였는가?

- 평가: 상

- 피드백: 서론에서 축구의 인기를 언급하며 독자의 흥미를 유도했고, 본론에서 규칙과
포지션을 체계적으로 설명하며 정보 전달에 충실했어요. 결론에서는 독자에게 응원의
메시지를 전달하며 글을 매끄럽게 마무리한 점이 좋았습니다.

종합 피드백

전체적으로 글의 구성과 표현, 내용이 모두 훌륭합니다. 예상 독자의 입장에서 필요한
정보를 구체적이고 흥미롭게 전달했으며, 문장의 흐름이 자연스럽습니다. 특히 초보 독
자도 쉽게 이해할 수 있도록 중요한 개념을 간단히 설명한 점이 돋보입니다. 추가로, 실
제 경기장에서 유용한 팁(예: 경기장에 가져가면 좋은 물품이나 관람 시 주의 사항)을
추가하면 더욱 완성도 높은 글이 될 것입니다. Keep up the great work!

ㄹ) 주장하는 글쓰기[4)]

Step 1. 생성형 AI와 함께 수업 준비하기

'주장하는 글쓰기' 수업은 학생들이 살아가는 사회와 밀접한 관련이 있는 주제에 대해 자신의 관점과 주장을 수립하고 글을 쓰는 과정은 사회 공동체에 관심을 가지는 기회를 제공할 수 있다. 이를 위해 AI를 활용하여 교실 상황에 맞는 핵심 주제를 효과적으로 선정할 수 있다. 수업 구성을 위해 가정한 교실 상황은 다음과 같다.

교실 상황

학년: 중학교 3학년

성별: 남, 녀

학생 특성:

- 학생들 간에 문해력 수준 차이 존재. 문해력이 낮은 학생 수가 더 많음.
- 평소 사회 문제에 대한 관심이 적음.

교사의 수업 설계:

- 의견 차이가 있는 사안에 대한 글을 읽고 쟁점을 파악한 뒤 자신의 관점과 주장을 수립하여 주장하는 글을 쓰는 과정을 단계적으로 평가하고자 함.
- 글쓰기 과정을 통해 사회 공동체의 문제에 대해 생각하는 경험을 하도록 하고 싶음.

이를 반영하여 다음과 같이 프롬프트를 만들어 AI에 요청하고, AI의 답이 적절하지 않을 때는 다시 수정을 요청하면 된다.

 [역할 부여] 나는 중학교 국어 교사야.
[수행평가 계획] 중학교 3학년 학생들과 국어 시간에 주장하는 글에 대해 학습하고 주장하는 글을 쓰는 수행평가를 계획하고 있어. 의견 차이가 있는 사안에 대한 글을 읽고 쟁

---

4) 중학교에서는 '주장하는 글쓰기'로 그 학습 목표가 제시되어 있으나 글의 유형으로는 '논설문'을 학습한다. 따라서 본 글에서는 '주장하는 글'과 '논설문'을 혼용하여 사용하고자 한다.

1부

2부

3부

4장 쓰기

점을 파악한 뒤, 자신의 관점과 주장을 수립하여 주장하는 글을 쓰는 과정을 단계적으로 구성하여 학생들이 글을 쓰는 과정을 통해 사회 공동체 문제에 대해 생각해 보는 경험을 제공할 계획이야.

[학생 특징] 한 반에는 남학생과 여학생이 골고루 섞여 있어. 학생들은 문해력이 낮은 학생들이 많이 분포되어 있으나, 문해력이 아주 뛰어난 학생들도 소수 있어서 학급 내 편차가 큰 편이야. 평소 사회적인 문제에 큰 관심이 없는 학생들이 많아. 수업 시간에 활용할 주제를 추천해줘.

[조건] 1. 의견 차이가 극명하고 다양한 주장을 개진할 수 있는 주제. 2. '중학생'으로서 사회적 참여가 가능한 주제. 3. 남녀 갈등을 유발하거나 정치적으로 특정 입장을 나타내지 않는 주제. 4. "**주제** - 이유"의 형식.

(생성형 AI에서 글자 앞뒤로 '**'를 쓰면 글자를 굵게 표시하라는 뜻이다.)

 [AI의 답]
1. 학교 급식에 채식 메뉴 추가 여부 - 학생들의 건강과 기호 사이의 균형을 고민할 수 있어.
2. 급식에 지역 농산물을 더 많이 사용해야 할까? - 지역 경제 활성화와 건강한 식재료 공급을 위해 필요하다는 주장과 예산의 다양성을 고려해야 한다는 주장이 대립할 수 있어.
3. 학교 운동장 사용을 주민들에게 개방해야 할까? - 지역 사회와의 소통과 활용성을 위해 개방해야 한다는 주장과 학생들의 안전과 시설 보호를 위해 제한해야 한다는 주장이 대립할 수 있어.
(후략)

 학교에 국한된 내용보다는 조금 더 사회적인 내용이면 좋겠어.

 [AI의 답]
알겠어! 학생들이 학교를 넘어 사회적인 이슈를 다루며 자신의 관점과 주장을 펼칠 수 있는 주제를 추천할게.

1. 1회용 플라스틱 사용 금지 - 1회용 플라스틱을 금지했을 때 환경에 긍정적인 영향을 미치는지, 불편함을 감수할 가치가 있는지 토론 가능
2. 반려동물 공공장소 출입 허용 - 반려동물과 공공장소를 공유하는 것이 옳은지, 비반려인들의 불편함을 고려해야 하는지 논의 가능
3. 야간 편의점 운영 제한 - 편의점 24시간 운영의 필요성과 야간 운영 제한의 장단점 (에너지 절약 등)에 대해 토론 가능
4. 공유 자전거 확대 - 공유 자전거 인프라를 확충하는 것이 사회적으로 유익한지, 관리

비용과 효율성을 따져볼 필요가 있는지 논의 가능

(중략)

이 주제들은 사회적으로 의견이 나뉘고 중학생들도 관심을 가질 수 있는 내용들이야. 특히 환경, 청소년 문제, 사회적 권리 등 학생들에게 친숙하면서도 중요한 주제를 담았어.

Step 2. 생성형 AI와 함께 수업하기

가. 학습 목표 및 수업 설계 의도

주장하는 글쓰기 수업에서 교사는 학생들이 주장에 대한 근거를 마련할 때, 타당한 근거를 제시하면서도 예상 반론을 고려하여 자신의 주장을 탄탄하게 입증하기를 기대한다. 하지만 모든 학생의 자료를 개별적으로 검토하고 피드백하는 일은 현실적으로 어렵다. 게다가 만약 교사가 모든 과제에 일일이 피드백을 제공한다면 이를 학생들이 스스로 사고하고 작성한 것이라고 보기 어려울 수 있다. 이럴 때, 앞에서 여러 차례 소개한 것처럼 생성형 AI를 활용하면 보다 효율적이고 효과적인 지원이 가능하다.

학습 목표	1. 의견 차이가 있는 사안에 대해 자신의 관점과 주장을 명확히 할 수 있다. 2. 자신의 주장을 뒷받침할 수 있는 타당한 자료를 수집하고 사회·문화적 맥락을 고려하여 주장하는 글을 쓸 수 있다. 3. 생성형 AI를 활용하여 자신의 주장과 근거를 강화하여 글을 고쳐쓸 수 있다.		
관련 성취 기준	2015	[9국03-04] 주장하는 내용에 맞게 타당한 근거를 들어 글을 쓴다.	
	2022	[9국03-04] 의견 차이가 있는 사안에 대해 자료를 수집하고 사회·문화적 맥락을 고려하며 주장하는 글을 쓴다.	
	차시	**교수·학습 내용**	**교수·학습 평가 계획**
수업 흐름도	1~2	• 도입: 같은 주제에 대한 설득력의 차이 확인하기 • 전개 - 논설문의 개념, 특징 학습하기 - 주장과 근거의 적절성 평가하기 • 정리: 3분 요약 초성 퀴즈	• 수업 전반에 대한 관찰평가 • '주장하는 글(논설문)' 및 근거의 적절성에 대한 형성 평가 (간단한 퀴즈)

수업
흐름도
	3~5	• 도입: 핵심 화제(사회적 사안) 관련 영상으로 흥미 유발
		• 전개
		  - 글을 읽고 핵심 화제(사회적 사안) 파악하기
		  - 사안에 대한 자신의 관점과 주장 수립하기
		  - 근거 마련하기(자료 수집)
		  - 내용 조직하기(개요 작성)
		  - 주장하는 글쓰기
		• 정리: 글 공유하기
			• 핵심 화제 파악 과정에 대한 수시 피드백
			• 관점, 주장 수립 및 근거 마련, 내용 조직 과정 전반에 대한 분석적 평가

	6~7
	(활동지
	첨부)
		• 도입: 활동 안내
		• 전개
		  - 생성형 AI와의 대화를 통해 주장 및 근거 강화하기
		  - 글 고쳐쓰기
		• 정리: AI와의 대화 과정에 대한 의미 공유, 최종 글 공유
			• 생성형 AI와의 대화 과정에 대한 수시 관찰 평가
			• AI와의 대화 과정 기록에 대한 구두 피드백
			• 최종 결과물에 대한 분석적 평가

평가 항목	주장하는 글쓰기		
활동 요소	• 논설문의 개념, 구조, 특성 및 설명 방법에 대해 이해하기 • 의견 차이가 있는 사안에 대한 글을 읽고 핵심 내용을 파악한 후 사안에 대한 관점과 주장 제시하기 • 자신의 주장을 뒷받침할 수 있는 타당한 자료 수집하기 • 타당하고 사회·문화적으로 수용될 수 있는 주장과 근거를 들어 주장하는 글 쓰기 • AI와의 대화를 통해 주장·근거의 적절성 평가하고 주장 및 근거 강화하기 • AI와의 대화 내용을 반영하여 글 고쳐쓰기		
교과 역량	☐ 문화 향유 역량 ☐ 공동체·대인관계 ☑ 비판적·창의적 사고 ☑ 디지털·미디어 역량 ☐ 자기 성찰·계발 ☑ 협력적 소통 역량		
평가 방법	☑ 서술 논술 ☐ 구술 발표 ☐ 토의 토론 ☐ 프로젝트 ☐ 실험 실습 ☐ 포트폴리오 ☑ 자기 평가 ☑ 동료 평가 ☑ 관찰 평가		

	사회는 늘 변화한다. 사람들의 인식이 변함에 따라 사회의 모습이 변하기도 하고 사회가 변함에 따라 인식이 바뀌기도 한다. 이러한 사회적 변화가 일어날 때 갈등 역시 필연적으로 발생한다. 이렇게 사회적으로 의견 차이가 있는 사안을 현명하게 해결하고 우리 사회를 바람직한 방향으로 나아가게 하기 위해서는 사안을 파악하고 이에 대한 다양한 주장을 전개하는 과정이 필요하다. 따라서 우리 사회에서 의견 차이가 있는 사안을 파악하고 주장하는 글을 작성하는 과정을 통해 학생들이 사회적 사안에 관심을 가지고 우리 사회가 나아가야 할 방향을 모색해 보고자 한다. 그 과정에서 생성형 AI를 적절히 활용하여 타당하고 사회·문화적으로 수용될 수 있는 주장과 근거를 바탕으로 글을 전개할 수 있도록 돕는다. 다만 생성형 AI의 활용 능력을 평가하고자 하는 것이 아니므로, 학생들이 생성형 AI와의 토론을 바탕으로 자신의 주장과 근거를 강화하고 이를 반영한 최종 글을 통해 주장 및 근거의 타당성과 사회·문화적 수용성, 논설문의 구조 및 완결성 등을 평가하고자 한다.
평가 방향 (의도)	
평가 요소	• 의견 차이가 있는 사안에 대한 글을 읽고 자신의 관점과 주장을 분명히 제시하기 • 자신의 주장을 뒷받침할 수 있는 타당한 자료 수집하기 • 타당하고 사회·문화적으로 수용될 수 있는 주장과 근거를 들어 주장하는 글쓰기

구분	배점	채점 기준		
의견 차이가 있는 사안에 대한 글을 읽고 자신의 관점과 주장을 분명히 제시하기	5	5	3	1
		의견 차이가 있는 사안에 대한 글을 읽고 핵심 내용(사회적 사안)을 파악하여 그에 대한 자신의 관점과 주장을 분명하게 제시함.	의견 차이가 있는 사안에 대한 글을 읽고 핵심 내용(사회적 사안)을 파악하였으나 그에 대한 자신의 관점과 주장을 분명하게 제시하지 못함.	의견 차이가 있는 사안에 대한 글을 읽고 핵심 내용(사회적 사안)을 파악하는 데 어려움이 있음. 자신의 관점과 주장이 사안과 관련성이 떨어짐.
자신의 주장을 뒷받침할 수 있는 타당한 자료 수집하기	5	5	3	1
		자신의 주장을 뒷받침하기 위한 자료를 수집하였으며 모든 자료가 타당성을 갖춤.	자신의 주장을 뒷받침하기 위한 자료를 수집하였으나 일부 자료의 타당성이 부족함.	자신의 주장을 뒷받침하기 위한 타당한 자료를 수집하지 못함.

		5		3		1	
타당하고 사회·문화적으로	5	사회·문화적으로 수용될 수 있는 주장을 분명히 제시하였으며 이를 뒷받침하는 모든 근거가 타당하고 사회·문화적으로 수용될 수 있음.		사회·문화적으로 수용될 수 있는 주장을 제시하였으나 이를 뒷받침하는 근거 중 일부가 타당하고 사회·문화적으로 수용될 수 있음.		사회·문화적으로 수용될 수 있는 주장을 제시하는 데 어려움이 있으며 타당한 근거를 제시하지 못함.	
수용될 수 있는 주장과 근거를 들어 주장하는 글쓰기		5	4	3	2	1	
	5	서론-본론-결론의 구조를 갖추어 통일성 있는 한 편의 글을 짜임새 있게 완성함.	서론-본론-결론의 구조를 갖추었으나 통일성이 부족한 한 편의 글을 완성함.	서론-본론-결론의 구조를 일부 갖추어 통일성 있는 한 편의 글을 완성함.	서론-본론-결론의 구조를 일부 갖추었으며 통일성이 부족한 한 편의 글을 완성함.	서론-본론-결론의 구조를 갖추지 못하였으며 한 편의 글을 완성하지 못함.	

나. 수업 들여다보기

① AI와의 토론으로 주장과 근거 강화하기

제시한 수업 흐름 중 3~5차시 활동의 경우 생성형 AI를 활용할 때 '(1) 설명하는 글쓰기'에서 제시한 계획하기, 자료 선정 및 조직하기 단계를 변형하여 사용할 수 있으므로 AI와의 토론을 진행하는 하나의 주된 활동을 살펴보겠다. (하나의 활동을 제시하므로 지도안은 생략한다.)

AI와의 토론 과정에서 학생들은 자신이 내세운 주장을 뒷받침하는 근거에 허점은 없는지, 예상 반론에 대해 고려했는지 등을 점검할 수 있다. 다만, 이 단계를 진행할 때 하나의 공통된 프롬프트를 사용하기 위해 학생들이 글을 쓰는 단계에서 문단별로 어떤 내용을 담아야 하는지 지정해 주는 작업이 필요하다. 예를 들어, 학생들에게 요구하는 근거의 개수가 3가지일 때 "[1문단] 서론 - 사안에 대한 소개, 개념 정의 및 주장, [2~4문단] 본론 - 각 문단에 하나의 근거 제시, [5문단] 결론 - 요약 및 정리, 주장 강조"와 같은 구조를 제시할 수 있다.

이렇게 공통된 구조를 지정하지 않을 경우, 학생들이 자신의 글에 맞게 각자 프롬프트를 제작해야 하는데, 학생들이 프롬프트 제작에 익숙한 경우 구조를 지정하지 않고, 프롬프트 제작에 대한 가이드와 피드백을 제시하여 AI 활용 능력의 향상을 도모할 수도 있다. 여기에서는 학생들에게 공통 양식의 '빈칸 형식 프롬프트'를 제시하는 방법을 함께 알아보자. Step 1에서 생성형 AI의 답을 통해 얻은 여러 주제들 중 학생들이 관심 있을 만한 '반려동물 공공장소 출입'으로 주제를 구체화하여 그 예시를 살펴보겠다.

[역할 부여] 당신은 지금부터 저와 찬반 토론을 진행하게 됩니다.
[토론 안내] 이번 찬반 토론의 주제는 '공공장소 반려동물 출입의 법적 보장'입니다. 저는 찬성 입장으로 공공장소 반려동물 출입을 법적으로 보장해야 한다고 생각합니다. 저는 제가 이를 주장하는 논설문을 제시하겠습니다.
저의 글은 "[1문단] 서론- '공공장소'의 개념 정의 및 '공공장소 반려동물 출입'에 대한 사람들의 인식, '공공장소 반려동물 출입을 법적으로 허용해야 한다.'는 주장 제시, [2문단] 본론1-근거1. '정신적 건강에의 긍정적 영향', [3문단] 본론2-근거2. '지역 경제에의 긍정적 영향', [4문단] 본론3-근거3. '사람들 간의 유대감 형성에 도움', [5문단] 결론- 요약 정리 및 주장 강화"의 구조로 되어 있습니다.
2, 3, 4문단에서 제시한 근거와 같은 쟁점에서 당신의 주장을 제시하는 토론을 진행해 주세요. 토론을 진행할 때는 제가 제시한 근거를 바탕으로 주장을 도출하는 과정에 오류가 없는지도 함께 검토하여 반박해 주세요.
[내 글] …

[사용한 글 전체 내용]
공공장소란 다수의 사람들이 모여 생활하거나 활동하는 공간으로 공원, 쇼핑몰, 카페 등 다양한 장소를 포함합니다. 최근 반려동물을 키우는 가정이 늘어나면서 공공장소에 반려동물이 함께 출입하는 사례도 증가하고 있습니다. 그러나 이러한 상황에 대해 사람들의 의견은 엇갈립니다. 일부는 공공장소에서의 반려동물 출입이 불편하다고 주장하는 반면, 다른 이들은 이를 긍정적으로 바라보며 법적으로 허용해야 한다고 말합니다. 저는 공공장소에 반려동물 출입을 법적으로 허용하는 것이 시대의 흐름에 부합하며 많은 장점을 제공한다고 생각합니다.
첫째, 반려동물과의 외출은 반려인과 반려동물 모두의 정신적 건강에 긍정적인 영향을 미칩니다. 연구에 따르면, 반려동물과의 산책은 스트레스 해소와 정서적 안정에 효과적입니다. 특히 반려견과 함께 공원을 산책하는 것은 사람들에게 즐거움을 주고, 반려동물의 사회화에도 큰 도움을 줍니다. 이미 많은 나라에서는 공공장소에서 반려동물 출입을 허용하며 이러한 장점을 적극 활용하고 있습니다.

둘째, 반려동물 출입 허용은 지역 경제에도 긍정적인 영향을 미칠 수 있습니다. 반려동물을 환영하는 카페나 레스토랑이 늘어나면서 반려인들이 더 자주 방문하게 되고, 자연스럽게 해당 업소의 매출이 증가합니다. 실제로 반려동물 친화적인 서비스를 제공하는 상점은 고객 만족도와 재방문율이 높아지는 경향을 보이고 있습니다. 이는 지역 경제 활성화에도 큰 기여를 할 수 있습니다.

셋째, 반려동물 출입 허용은 사람들 간의 유대감을 형성하는 데 도움을 줄 수 있습니다. 반려동물을 키우는 사람들은 공공장소에서 자연스럽게 대화를 나누고, 서로의 경험을 공유하며 관계를 형성합니다. 이러한 상호작용은 사회적 고립을 줄이고, 지역사회의 결속력을 강화하는 데 긍정적인 역할을 합니다. 반려동물 출입이 허용된 공원에서 반려인들이 함께 모이는 모습은 이미 흔한 풍경이 되었으며, 이는 모두에게 따뜻한 공동체의식을 제공합니다.

결론적으로, 공공장소에서 반려동물의 출입을 법적으로 허용하는 것은 반려인과 반려동물, 그리고 사회 전반에 걸쳐 많은 이점을 가져다줍니다. 정신적 건강 증진, 지역 경제 활성화, 그리고 사회적 유대감 형성 등 다양한 긍정적인 효과를 고려할 때, 이제는 공공장소에서 반려동물이 환영받는 문화를 만들어야 할 때입니다. 시대의 변화에 발맞추어 반려동물 출입을 허용하는 법적 기반을 마련하는 것은 더 나은 공존을 위한 첫걸음이 될 것입니다.

 [AI의 답]

반대 입장으로, 공공장소에서 반려동물 출입을 법적으로 보장하는 것에 대해 몇 가지 우려를 제기하고자 합니다.

첫째, 반려동물과의 외출이 정신적 건강에 긍정적인 영향을 미친다는 주장은 일부 사실일 수 있지만, 모든 사람에게 해당되는 것은 아닙니다. 공공장소에서 반려동물이 출입할 경우, 알레르기나 공포증을 가진 사람들에게는 오히려 스트레스와 불안을 유발할 수 있습니다. 특히 어린이와 노인, 또는 면역력이 약한 사람들에게는 반려동물의 존재가 건강에 부정적인 영향을 미칠 수 있습니다. 따라서 반려동물 출입을 법적으로 보장하는 것은 이러한 사람들의 권리를 침해할 수 있습니다.

둘째, 지역 경제에 긍정적인 영향을 미친다는 주장에 대해서도 반론을 제기할 수 있습니다. 반려동물 친화적인 카페나 레스토랑이 늘어나는 것은 사실이지만, 모든 업소가 이를 수용할 수 있는 것은 아닙니다. 반려동물 출입이 허용되면 반려동물을 싫어하거나 두려워하는 고객들이 해당 업소를 기피할 수 있습니다. 이는 결국 매출 감소로 이어질 수 있으며, 지역 경제에 부정적인 영향을 미칠 수 있습니다. 또한, 반려동물 출입으로 인한 위생 문제나 소음 문제는 다른 고객들에게 불편을 초래할 수 있습니다.

셋째, 반려동물 출입이 사람들 간의 유대감을 형성하는 데 도움을 준다는 주장은 다소 단편적입니다. 반려동물을 키우지 않는 사람들은 공공장소에서 반려동물과 그 주인들로 인해 소외감을 느낄 수 있습니다. 또한, 반려동물의 행동이 예측 불가능할 경우 다른 사람들과의 갈등이 발생할 수 있습니다. 이러한 갈등은 오히려 사회적 고립을 초래할 수 있으며, 지역사회의 결속력을 약화시킬 수 있습니다.

결론적으로,
공공장소에서 반려동물 출입을 법적으로 보장하는 것은 여러 가지 부작용과 우려를 동반할 수 있습니다. 반려동물과의 외출이 긍정적인 영향을 미치는 경우도 있지만, 모든 사람에게 해당되지 않으며 공공장소에서의 반려동물 출입이 다른 사람들에게 미치는 영향을 충분히 고려해야 합니다. 따라서 반려동물 출입에 대한 법적 보장은 신중하게 접근해야 할 문제라고 생각합니다.

이러한 AI와의 토론 이후 학생들은 AI의 주장을 바탕으로 자신의 주장과 근거를 강화하기 위한 추가 자료를 수집하거나 작성한 내용을 수정해야 한다. '학생들에게는 AI의 근거를 반박하기 위해서는 어떤 내용에 대한 조사가 필요할까?', 'AI가 제시한 것과 같은 반박을 당하지 않기 위해서는 어떤 내용을 보완해야 할까?', 'AI와 같은 입장을 가진 사람들을 설득하려면 어떤 내용이 필요할까?'와 같은 질문을 제시할 수 있다. 이를 다음과 같이 활동지로 구체화하여 제시해 볼 수 있다.

1부
2부
3부
4장 쓰기

활동지 예시

1. 지금까지 쓴 글을 가지고 AI와 토론해 봅시다.

- 프롬프트의 예시입니다. [회색]으로 되어 있는 부분에 여러분들이 쓴 글의 내용을 적으면 됩니다. AI에 여러분의 글을 주고 AI는 어떤 근거를 펼치는지 확인해 보세요.

<보기>

 [역할 부여] 당신은 지금부터 저와 찬반 토론을 진행하게 됩니다. 이번 찬반 토론의 주제는 [공공장소 반려동물 출입의 법적 보장']입니다. 저는 [찬성] 입장으로 [공공장소 반려동물 출입을 법적으로 보장해야 한다]고 생각합니다. 저의 토론 내용은 제가 쓴 논설문으로 제시하겠습니다.
저의 글은 "[1문단] 서론- ['공공장소'의 개념 정의 및 '공공장소 반려동물 출입'에 대한 사람들의 인식], ['공공장소 반려동물 출입을 법적으로 허용해야 한다.']는 주장 제시, [2문단] 본론1-근거1. ['정신적 건강에의 긍정적 영향'], [3문단] 본론2-근거2. ['지역 경

제에의 긍정적 영향'], [4문단] 본론3-근거3. ['사람들 간의 유대감 형성에 도움'], [5문단] 결론- 요약 정리 및 주장 강화"의 구조로 되어 있습니다.

2, 3, 4문단에서 제시한 근거와 같은 쟁점에서 당신의 주장을 제시하는 토론을 진행해 주세요. 토론을 진행할 때는 제가 제시한 근거를 바탕으로 주장을 도출하는 과정에 오류가 없는지도 함께 검토하여 반박해 주세요.

[내 글] [여러분의 글을 그대로 복사해서 넣습니다.]

♣ 만약 여러분이 근거를 3가지 다 제시하지 못했다면?

- 저는 근거 2가지를 제시했습니다!: 4문단을 결론으로 수정하세요!

- 저는 근거 1가지를 제시했습니다!: 근거를 하나만 더 제시해 봅시다. 어렵다면 3문단을 결론으로 수정하세요.

2. AI에게 받은 답을 요약해서 적어 봅시다.

- AI에게 받은 답의 원본은 파일로 저장하여 제출합니다!

쟁점	AI의 답
정신적 건강에의 영향	알레르기나 두려움이 있는 사람들에게 스트레스와 건강 문제를 유발할 수 있음. 공공장소에서의 반려동물 출입은 이들을 고려해야 함.
지역 경제에의 영향	반려동물을 싫어하는 고객들이 해당 장소를 피하게 되어 고객층이 제한될 수 있음. 또한, 청소 및 위생 관리 비용 증가가 부담으로 작용할 수 있음.
사람들 간의 유대감 형성	반려동물을 키우지 않는 사람들은 소외감을 느낄 수 있어 오히려 사회적 고립을 초래할 수 있음.

3. AI에게 받은 답을 반박하려면 어떤 자료가 필요할까요?

반박할 부분	필요한 자료
반려동물 출입 시 알레르기 반응이 있는 사람에 대한 고려 필요	- 반려동물 출입 시 알레르기 반응이 있는 사람들을 위한 특별한 규정(예: 특정 구역에서는 반려동물 출입 금지)이나 반려동물 관리 기준을 제시 - 다른 나라의 사례: 반려동물 출입을 허용하는 공공장소에서의 성공적인 규제 및 관리 방안

고객층 제한	반려동물 친화적인 업소의 매출 증가 사례 및 관련 통계
공공장소에서의 갈등	반려동물이 있는 공공장소에서의 성공적인 커뮤니티 이벤트나 프로그램 사례

4. AI로부터 받은 답을 참고했을 때 내 글에서 어떤 부분을 수정해야 할까요?

- 왜 그 부분을 수정해야 한다고 생각했나요?

- 그 부분을 어떻게 수정해야 할까요? 수정 방안을 적어 봅시다.

수정할 부분	이유	수정 방안
정신적 건강 관련	반대 입장에서 제기된 알레르기나 두려움과 같은 불편함에 대한 우려를 언급하지 않았음	우려를 표현하는 반대 입장 제시 후 반박 사례 제시
경제적 영향의 긍정적 측면	한쪽 측면에서만 생각했음	반대 입장의 고객층 제한 등에 대해 언급하고 이른 최소화하기 위한 방안 제시
유대감 형성	반려 동물에 대해 무서움이 있는 사람들도 있음을 고려하지 못했음	모두가 좋은 방향으로 갈등 상황을 해결할 수 있는 대안 제시. 다른 나라 사례 찾아보기.

- 추가로 조사한 자료가 있다면 자료 수집 활동지에 추가로 작성합니다.

5. 1~4를 바탕으로 나의 글을 다시 수정해 봅시다.

AI의 답변을 반박하기 위해서 어떤 자료가 필요할지, 또 그를 바탕으로 글의 어떤 부분을 수정해야 할지 판단하는 과정은 학생들에게 깊이 있는 사고를 요구한다는 점에서 의미 있다. 하지만 학생들에게는 필요한 자료를 생각해 내는 것뿐만 아니라 어느 부분을 반박해야 하는 것을 찾는 것조차 어려울 수 있다. 그럴 때는 학생의 수준에 따라 난이도를 조절하여 활동지를 다음과 같이 수정해서 제시할 수도 있다.

활동지 예시

2. AI로부터 받은 답을 요약해서 적어 봅시다.

- AI로부터 받은 답의 원본은 파일로 저장하여 제출합니다!

쟁점	AI의 답 요약
정신적 건강에 의 영향	알레르기나 두려움이 있는 사람들에게 스트레스와 건강 문제를 유발할 수 있음. 공공장소에서의 반려동물 출입은 이들을 고려해야 함.
지역 경제에의 영향	반려동물을 싫어하는 고객들이 해당 장소를 피하게 되어 고객층이 제한될 수 있음. 또한, 청소 및 위생 관리 비용 증가가 부담으로 작용할 수 있음.
사람들 간의 유대감 형성	반려동물을 키우지 않는 사람들은 소외감을 느낄 수 있어 오히려 사회적 고립을 초래할 수 있음.

3. 2에서 요약한 AI의 답은 AI가 나의 근거를 반박하기 위해 제시한 근거입니다.

AI가 제시한 문제/우려/좋은 점/필요성 등등에 반대되는 사례를 찾아봅시다.

- 예시) AI가 우려한 부분을 잘 해결한 사례

- 예시) AI가 제시한 상황으로 인해 오히려 문제가 생긴 사례

AI의 근거 키워드	반대 사례
동물 알레르기	다른 나라의 사례: 반려동물 출입을 허용하는 공공장소에서의 성공적인 규제 및 관리 방안
고객층 제한	반려동물 친화적인 업소의 매출 증가 사례 및 관련 통계
공공장소에서의 갈등	반려동물이 있는 공공장소에서의 성공적인 커뮤니티 이벤트나 프로그램 사례

4. 3에서 조사한 내용을 내 글의 어느 부분에 반영하면 좋을까요?

- 그 부분을 어떻게 수정해야 할까요? 수정 방안을 적어 봅시다.

수정할 부분	수정 방안
정신적 건강 관련	우려를 표현하는 반대 입장 제시 후 반박 사례 제시
경제적 영향의 긍정적 측면	반대 입장의 고객층 제한 등에 대해 언급하고 이른 최소화하기 위한 방안 제시
유대감 형성	모두가 좋은 방향으로 갈등 상황을 해결할 수 있는 대안 제시. 다른 나라 사례 찾아보기.

5. 1~4를 바탕으로 나의 글을 다시 수정해 봅시다.

√ 생성형 AI '뤼튼'으로 고쳐쓰기 진행을 위한 챗봇 만들기

학생들의 수준에 따라 고쳐쓰기 진행을 위한 프롬프트를 제공했음에도 원활한 진행이 어려울 수 있다. 이때는 교사가 생성형 AI를 통해 챗봇을 제작하여 도움을 줄 수 있다. 앞에서 제시한 단계를 따라 뤼튼(스튜디오 탭)을 활용하여 고쳐쓰기 챗봇을 제작할 수 있다.

〈뤼튼 사이트의 스튜디오 화면〉

뤼튼 사이트의 '스튜디오' 탭으로 들어가면 위에서 보는 것처럼 '새 툴/챗봇 만들기'가 나온다. 클릭 후 '챗봇 만들기'를 클릭하면 챗봇을 제작할 수 있다.

챗봇 제작 시에는 1단계에서 '이름'과 '소개', '카테고리', '공개 여부' 등을 설정하고 2단계 '내용 구성'에서는 챗봇을 처음 열었을 때 나타나는 시작 화면을 구성한다. 이후 3단계 '프롬프트 작성' 단계에서는 역할 및 정보, 요구 사항을 입력한다. 학생들과 함께 자기 표현적 글쓰기를 한 후 챗봇으로 고쳐쓰기를 하는 상황을 가정하고 작성해 보면 다음과 같다.

[1단계]

1단계	2단계	3단계	4단계
기본 정보	내용 구성	프롬프트 작성	테스트

아이콘 *

💯 ▼

이름 *

고쳐쓰기 도우미

소개 *

롤 또는 챗봇에 대한 소개를 적어주세요.

글의 맞춤법과 비문법적인 문장의 수정을 돕고 글 전체가 완결성 있게 작성되도록 도와줍니다.

카테고리 *

최대 5개까지 선택 가능합니다.

학생 X   교육 X   글짓기 X ▼

공개여부 *

공개 ▼

[2단계]

[3단계]

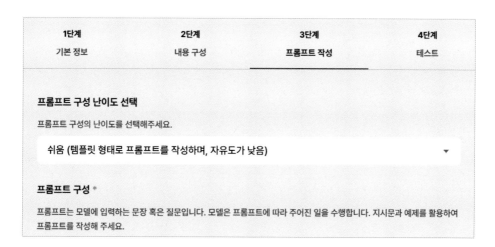

역할＊

챗봇이 어떤 역할을 해야하는지 구체적으로 알려주세요. 직업 등을 작성해도 됩니다.

> 학생들은 자신의 경험을 드러내며 자신에게 의미 있는 것들을 찾아가는 글을 쓰고 고쳐쓰기를 하고 있어.
> 학생들이 글을 고쳐 쓸 수 있도록 구체적인 피드백을 제공해줘.

성격 및 정보＊

챗봇의 성격, 말투 등을 알려주세요. 챗봇에 대한 정보 또는 챗봇이 참고할 내용도 구체적으로 작성하면 좋아요.

> 친절하고 인내심 있게 끝까지 기다리며 도와주길 바라.
> 그리고 학생들이 제시한 글에서 수정이 필요한 부분을 직접 언급하며 피드백을 구체적으로 해줘.

요구사항＊

챗봇이 지켜야 할 것들을 상세하게 알려주세요.

> 학생들이 충족해야할 기준은 다음과 같아.
> 1. 제목이 있는가
> 2.제목은 내용이 글의 내용을 드러내기에 적절한가.
> 3. 경험의 내용이 구체적으로 드러나는가.
> 4. 사건에 대한 생각이나 감정 혹은 사건을 겪던 당시의 생각이나 감정이 드러나는가.
> 5. 처음, 중간, 끝의 구성을 가지고 있는가.
> 6. 문단 구분이 적절한가.
> 7. 각문단이 자연스럽게 연결되는가.
> 8. 문장의 주술 호응이 적절한가.
> 9. 문장의 흐름에 적절한 단어를 사용했는가.
> 10.맞춤법에 맞게 썼는가.

[요구 사항의 전체 내용]

학생들이 충족해야 할 기준은 다음과 같아.

1. 제목이 있는가.

2. 제목은 내용이 글의 내용을 드러내기에 적절한가.

3. 경험의 내용이 구체적으로 드러나는가.

4. 사건에 대한 생각이나 감정 혹은 사건을 겪던 당시의 생각이나 감정이 드러나는가.

5. 처음, 중간, 끝의 구성을 가지고 있는가.

6. 문단 구분이 적절한가.

7. 각 문단이 자연스럽게 연결되는가.

8. 문장의 주술 호응이 적절한가.

9. 문장의 흐름에 적절한 단어를 사용했는가.

10. 맞춤법에 맞게 썼는가.

처음에는 위의 기준 중에 충족시킨 것들을 바탕으로 잘한 부분을 칭찬해 줘. 그리고 수정할 부분을 알려 줘.

글 전체, 문단, 문장, 단어 순서로 고쳐쓸 수 있도록 해 줘.

먼저 글의 전체적으로 구성이 적절한지, 경험이 잘 드러나는지를 확인하고 그 다음 문단을 잘 나누어서 썼는지, 흐름에 적절한 내용이 드러나는지 확인해 줘.

그 다음 문장 호응이나 단어를 봐 줘.

맞춤법을 제외하고 절대 먼저 답을 제시하지 말아 줘.

문장의 흐름에 적절한 단어를 찾는 데 어려워하면 두 번째나 세 번째에는 먼저 제안을 해 줘.

글의 분량이 700자를 넘지 않는다면 구체적인 경험, 사건을 제시할 수 있도록 해 줘.

학생들은 수준이 달라. 기준을 다 충족할 수도 있고 기준을 다 충족하지 못할 수도 있어. 수준에 적절한 피드백을 해 줘.

기준 중 6가지 이상 충족하지 못한 학생들은 너무 과한 요구를 하지 말아 줘.

학생이 피드백에 따라 적절하게 수정하면 칭찬해 줘.

학생의 개성을 해치지 않도록 적절히 피드백 해 줘.

수정할 내용은 한 번에 한 개에서 두 개만 이야기해 줘.

요구 사항을 작성할 때 주의해야 할 점은 여러 요구 사항 중 먼저 고려해야 할 사항을 앞에 배치하는 것이다. 예를 들어, 분량과 구체성을 더 중요시한다면 '글의 분량이 700자를 넘지 않는다면 구체적인 경험, 사건을 제시할 수 있도록 해 줘'를 '글 전체, 문단, 문장, 단어 순서로 고쳐 쓸 수 있도록 해 줘'보다 앞에 작성하는 것이다. 이처럼 교사가 AI에 명확한 역할을 부여하고, 학생들은 자신의 글을 입력하거나 수정을 요청하는 방식으로 글쓰기 과정을 진행하면, 학생들은 교사의 피드백을 기다리는 시간을 줄일 수 있고, 교사는 모든 학생의 글에 일일이 피드백을 제공하는 데 소모되는 시간을 절약할 수 있다. 물론 이 과정에서도 교사는 AI 사용이 적절한지 지속적으로 점검하고, 추가적인 지도가 필요한 학생들에게는 개별 피드백을 제공해야 한다. 생성형 AI는 어디까지나 보조적인 수단이며, 교사의 역할을 대체할 수 없기 때문에 교사의 적절한 개입과 안내가 필수적이다. 아래 QR코드는 직접 제작한 고쳐쓰기 챗봇으로, 수업에 맞게 활용할 수 있다.

〈뤼튼의 고쳐쓰기 챗봇 화면〉

wrtn.   채팅   스튜디오 ∨   스토어。

💯 고쳐쓰기 도우미

안녕하세요. 어떤 글을 수정하도록 도와드릴까요?

💬 이런 걸 물어볼 수 있어요

내 글을 어떻게 수정하면 좋을까?

내 글에서 문장의 호응이 맞지 않는 부분을 찾아줘.

내 글에서 맞춤법이 틀린 부분을 찾아서 수정해줘.

메시지를 입력해주세요.

GPT-3.5 **GPT-4** GPT-3.5-16K ▷

QR check!

5장

문학

| 사용 AI | 챗GPT | 레오나르도 AI | 수노 AI |

1) 시 수업하기

Step 1. 생성형 AI와 함께 수업 준비하기

'시' 수업을 진행할 때 가장 많이 다루게 되는 것은 단연 수사법이다. 직유법, 은유법, 의인법, 설의법 등등…. 학생들은 이 수많은 수사법의 개념은 물론 예문을 보고 구분하거나 적용하는 것을 어려워한다. 그러니 교사들은 직접 추가 활동지를 제공하는 경우가 많은데, 이때 일일이 수사법의 예문을 검색하다가 시간이 흐른다. 아무리 검색해도 마음에 드는 예문을 찾지 못하면 결국 직접 예문을 만들기도 한다.

이럴 때 생성형 AI를 사용해 보면 어떨까? 물론 아직까지 AI가 완벽하게 정확한 예문을 만들어 주지는 못하지만 아래의 프롬프트를 활용하면 훨씬 빠르게 많은 예문을 만들 수 있다. 또 학생들에게 AI의 잘못된 예문을 직접 고치게 하면 연습 문제나 형성 평가로도 활용할 수 있는데, 이는 Step 2에서 더 자세히 다뤄 보고자 한다.

[역할 부여] 나는 중학교 국어 교사야.
[수업 상황] 문학 중에서 시 수업을 하면서 다양한 수사법을 가르치고 있어.
[수사법의 개념] 직유법은 '같이', '처럼' 등을 사용해서 원관념을 보조 관념에 직접 빗대는 수사법이야.
[예문 생성] 직유법이 사용된 예문을 5개 만들어 줘.

 [역할 부여] 나는 중학교 국어 교사야.
[수업 상황] 문학 중에서 시 수업을 하면서 다양한 수사법을 가르치고 있어.
[수사법의 개념] 역설법은 겉으로는 모순되어 보이지만 그 속에 진리를 담고 있는 수사법이야.
[예문 생성] 역설법이 사용된 예문을 5개 만들어 줘.

 [AI의 답]
<직유법 예문>
그녀의 미소는 햇살처럼 따뜻했다. 그의 목소리는 바람처럼 부드럽게 퍼졌다. 그 사과는 빨갛고 예쁜 장미처럼 보였다. 마음속의 그리움은 깊은 바다처럼 끝이 없었다. 꿈은 별처럼 반짝이며 우리를 이끌었다.

<역설법 예문>
그가 떠날수록 나는 더 가까워지는 기분이었다. 고요한 소음 속에서 진정한 평화를 찾았다. 너무 많은 자유는 오히려 속박이 되었다. 잃어버린 것을 통해 나는 더 많은 것을 얻었다. 사랑이란 때로는 아픈 상처이기도 하다.

역설법으로 제시된 몇몇 예문처럼 모든 예문을 전혀 수정하지 않고 바로 수업에 사용하긴 어려울 수 있지만, 1차적으로 AI에 예문 생성을 맡기고 교사가 수정을 조금 거친다면 예문을 만드느라 수업 또는 활동지를 준비하는 데에 들이는 시간을 크게 줄일 수 있을 것이다.

위의 프롬프트는 조금 변형하여 다른 수업에도 적용해 볼 수 있다. 예를 들어, '작품 속 말하는 이', 즉 화자를 가르치는 수업에서는 화자를 재구성한 예시 작품을 생성할 수 있다. 일일이 화자를 바꾼 작품을 찾거나 교사가 직접 바꾸지 않아도 되는 것이다. 이 역시 아래 프롬프트를 통해 확인해 보겠다.

[역할 부여] 나는 중학교 국어 교사야.

[수업 상황] 문학 중에서 시 수업을 하면서 화자를 파악하는 연습을 하고 있어.

[화자의 개념] 화자란 시 속에서 말하는 이로 화자가 바뀌면 시의 주제나 분위기가 달라질 수 있어.

[원작 설명] 지금 내가 첨부한 파일은 기형도의 '엄마 걱정'이고, 이 시의 화자는 엄마를 기다리는 유년 시절의 나를 회상하는 성인인 '나'야.

[예시 작품 생성] 이 시의 화자를 '엄마'로 바꾸어서 시를 재구성해줘.

[AI의 답]

재구성한 시: '엄마 걱정'에서 화자를 엄마로 변경하기

기형도의 원작 '엄마 걱정'에서 화자인 '나'를 엄마의 시각으로 재구성해 보았습니다. 이 시는 엄마의 마음이 느껴지는 방식으로 변화하였습니다.

재구성된 시: 엄마의 마음

열무 삼십 단을 이고 / 시장 가는 내 발걸음, / 아들이 기다리고 있겠지, / 안 올까 두려워, 해는 시들고 / 밤이 다가오네, 그의 방은 춥겠지. / 아들은 찬밥처럼 빈 방에 남아 / 혼자서 숙제를 외우고 있을까? / 그리운 내 소식이 듣고 싶겠지, / 배추 잎 같은 발소리 / 타박타박 들리지 않아, / 어두운 이 시간, 무섭겠지. / 금 간 창틈으로 달빛이 스며든 / 내 아들 생각에 마음이 아파, / 나는 그의 곁에 가고 싶어. / 아주 먼 옛날, / 나도 한 번씩 훌쩍거리던 마음. / 지금도 내 눈시울을 뜨겁게 하며 / 그리운 아들, / 내 사랑의 아랫목으로 돌아가고 싶어.

이 재구성을 통해 엄마의 사랑과 걱정이 어떻게 드러나는지를 보여주었습니다. 원래 시의 분위기와 주제를 잃지 않으면서 엄마의 시각이 강조되었습니다. 이 시의 변형을 통해 학생들에게 화자의 시각 변화가 시에 미치는 영향을 실습할 수 있도록 도와줄 수 있을 것입니다.

Step 2. 생성형 AI와 함께 수업하기

가. 학습 목표 및 수업 설계 의도

Step 1에서 생성형 AI를 활용하여 수사법 예문을 만들었던 것처럼 Step 2에서는 AI와 함께 수사법을 연습하고 직접 적용하는 수업을 구성하였다. 1~2차시에는 교사의 개념 설명으로 표현법을 중심으로 시를 감상하고 3차시에서는 표현법을 연습한 뒤, 4~5차시에는 직접 표현법을 사용한 시화를 만드는 활동을 통해 적용하게 하는 것이다. 특히 4~5차시의 '시화 만들기'는 좋은 과정 중심 수행평가가 될 수 있다. 학생들은 생각보다 '제작', '그리기' 활동에 관심이 많고 열심인데, 자칫 잘못하면 국어 수업이 아닌 미술 수업이 될 위험이 있다. 이 과정에서 생성형 AI를 활용하여 단시간에 좋은 결과물을 만드는 경험을 제공하는 것이다.

주제	다양한 표현을 활용한 시화 만들기		
학습 목표	1. 비유와 상징, 반어와 역설 등 다양한 수사법을 이해할 수 있다. 2. 자신의 가치 있는 경험을 개성적인 표현으로 형상화하여 시화로 나타낼 수 있다.		
관련 성취 기준	2015	[9국05-02] 비유와 상징의 표현 효과를 바탕으로 작품을 수용하고 생산한다. [9국05-09] 자신의 가치 있는 경험을 개성적인 발상과 표현으로 형상화한다.	
	2022	[9국05-01] 운율, 비유, 상징의 특성과 효과에 유의하며 작품을 감상하고 창작한다. [9국05-06] 자신의 경험을 개성적인 발상과 표현으로 형상화한다.	
	차시	교수·학습 내용	교수·학습 평가 계획
수업 흐름도	1~2	• 도입: 일상 속 비유 찾기 • 전개 - 시 '나룻배와 행인' 감상하기 - 시에 사용된 표현법 파악하기 • 정리: 작품과 표현법에 대한 퀴즈	• 수업 내용에 대한 형성 평가 • 작품과 표현법의 이해도를 확인할 수 있는 지필 평가 실시
수업 흐름도	3 (지도안, 활동지 첨부)	• 도입: 표현법의 효과 알기 • 전개 - 예문을 통한 수사법 학습 - AI를 활용하여 예문 생성하기	• 수사법을 잘 이해하고 적용할 수 있는지 수시 피드백 진행

		- 짝과 함께 AI의 예문 점검하기 • 정리: 활동 내용 점검하기	• 짝 활동을 통해 상호 평가 진행

	4~5
	(지도안,
	활동지
	첨부)
		• 도입: 시화의 개념 이해하기
		• 전개
		  - 시에 담을 자신의 경험 떠올리기
		  - 표현법을 사용하여 시 창작하기
		  - 생성형 AI를 활용하여 시에 어울리는 그림 생성하기
		• 정리: 시화 작품 전시하기
			• 시화 제작의 과정과 결과 전반에 대한 수행평가 진행
			• 시화 전시를 통해 오픈 포트폴리오 평가 진행(자기 평가, 동료 평가)

평가 항목	다양한 표현법을 활용하여 자신의 경험을 담은 시화 만들기		
활동 요소	• 다양한 표현법(수사법)에 대해 적절하게 이해하여 예문을 통해 구분할 수 있다. • 다양한 표현법(수사법)을 활용한 예문을 적절하게 생성할 수 있다. • 생성형 AI가 만든 예문을 적절하게 수정 및 점검할 수 있다. • 자신의 경험을 개성적인 표현을 활용하여 형상화할 수 있다. • 생성형 AI를 활용하여 시에 어울리는 그림을 생성할 수 있다.		
교과 역량	☑ 문화 향유 역량　　　□ 공동체·대인관계　　　☑ 비판적·창의적 사고 ☑ 디지털·미디어 역량　☑ 자기 성찰·계발　　　□ 협력적 소통 역량		
평가 방법	☑ 서술 논술　□ 구술 발표　□ 토의 토론　□ 프로젝트　□ 실험 실습 ☑ 포트폴리오　☑ 자기 평가　☑ 동료 평가　☑ 관찰 평가		
평가 방향 (의도)	해당 수업을 통해 학생들이 수사법에 대한 이해를 높이고 이를 실제 창작에 적용할 수 있는 능력을 길렀는지 평가한다. 학생들이 직접 예문을 생성할 수 있는지, 생성형 AI가 만든 예문을 적절하게 수정할 수 있는지를 통해 수사법에 대한 이해도를 점검한다. 또한, 자신만의 경험을 시로 창작하게 함으로써 자신에 대한 이해를 높이고 감정을 잘 표현할 수 있도록 돕는다. 이때 수사법을 활용하여 자신의 경험과 감정을 효과적으로 전달할 수 있는지 살핀다. 학생들이 시화를 제작하는 과정에서 생성형 AI를 적절하게 활용할 수 있는지 판단하며 자신의 시에 어울리는 그림을 생성할 수 있도록 조력한다.		
평가 요소	• 표현법에 대한 이해를 바탕으로 다양한 표현법을 활용한 예문을 적절하게 생성하기 • 생성형 AI가 만든 예문을 적절하게 수정하기 • 자신의 경험을 개성적인 표현을 활용하여 형상화하기 • 생성형 AI를 활용하여 시에 어울리는 그림 만들기		

구분	배점	채점 기준		
표현법 예문 생성하기	5	5	3	1
		다양한 표현법에 대해 잘 이해하고 있으며 표현법을 활용한 예문을 적절하게 만들 수 있음.	다양한 표현법에 대해 이해하고 있으나 표현법을 활용한 예문을 만드는 것에 어려움이 있음.	다양한 표현법을 이해하는 것에 어려움이 있음.
AI의 예문 점검하기	5	5	3	1
		생성형 AI가 만든 예문을 적절하게 수정할 수 있음.	생성형 AI가 만든 예문을 일부 수정할 수 있음.	생성형 AI가 만든 예문을 수정하는 것에 어려움이 있음.
표현법을 활용한 시 창작하기	5	5	3	1
		자신의 경험을 주어진 표현법을 활용하여 시로 나타낼 수 있음.	자신의 경험을 시로 나타낼 수 있으나 주어진 표현법을 활용하는 것에 어려움이 있음.	자신의 경험을 시로 나타내는 것에 어려움이 있음.
AI를 활용하여 시화 만들기	5	5	3	1
		생성형 AI를 활용하여 자신의 시에 어울리는 그림을 적절하게 만들 수 있음.	생성형 AI를 활용하여 시화를 만들 수 있음.	생성형 AI를 활용하여 시화를 만드는 것에 어려움이 있음.

나. 수업 들여다보기

① 3차시: 다양한 표현법 연습하기

학습 목표	1. 작품에 사용된 다양한 표현법을 이해할 수 있다. 2. 다양한 표현법을 사용하여 예문을 만들 수 있다.		차시	3차시/ 5차시
학습 단계	학습 내용	교수·학습 활동		지도상의 유의점
도입	동기 유발	• 녹고 있는 지구를 아이스크림에 비유한 공익광고를 제시한다. • 비유를 사용했을 때와 사용하지 않았을 때 어떤 차이가 있는지 이야기하며 수사법의 효과를 이해한다. - 비유법의 효과: 참신한 표현이 가능하며 전달하고자 하는 바를 강조할 수 있다.		 < 출처: 세계야생동물기금협회(WWF) >

전개 1	표현법 예문 만들기	• 짝과 함께 활동지에 제시된 표현법을 사용하여 예문을 1개씩 생성한다. • 스스로 예문을 다 만들었다면 생성형 AI를 활용하여 표현법을 사용한 예문을 만든다. 　- 활동지의 '예시 프롬프트'를 참고하여 꼭 포함되어야 할 내용이 반영되도록 프롬프트를 작성한다.	• 스스로 예문을 만들 때는 짝과의 대화 이외에 어떤 전자 기기도 사용하지 않게 한다.
전개 2	AI의 예문 점검하기	• 짝과 함께 AI의 예문을 점검한다. 　- AI가 만든 예문이 적절하다면 '이상 없음'을 기록하고, 부적절하다면 바르게 수정한다. • 활동지를 패들렛에 업로드한다. • 다른 학생들의 활동 결과물을 보며 AI의 예문을 적절하게 수정하였는지 상호 평가한다.	• 학생들의 점검 내용이 맞는지 순회 지도를 통해 점검한다.
정리	정리 및 차시 예고	• 활동을 정리하며 다음 차시 활동을 안내한다.	

　다양한 표현 방법(비유, 상징, 반어, 역설 등)과 관련된 시 수업에서는 생성형 AI를 활용하여 수사법의 예문을 생성하고, 직접 잘못된 부분을 고치는 활동을 진행한다. 해당 수업은 전체 5차시 중 3차시에 해당하는 것으로, 이미 1~2차시에서 교과서의 작품과 표현법의 개념을 학습했음을 전제로 한다. 이후 학생들이 연습할 수 있도록 구성된 수업으로, 현장 상황에 따라 개별 활동, 짝 활동 등 다양한 수업 형태로 진행할 수 있으며 여기서는 '짝 활동' 상황을 가정하였다. 이러한 과정을 통해 학생들은 수사법을 반복적으로 사용하고 연습하면서 예문을 통해 다양한 표현 방법을 익힐 수 있다. 학생들이 각 단계별로 해야 할 활동을 나타내면 다음과 같다.

1단계		2단계		3단계		4단계		5단계
<개인 활동> 스스로 수사법을 적용하여 예문 만들기	⇨	<개인 활동> 생성형 AI를 활용하여 예문을 만들기	⇨	<짝 활동> • AI의 예문점검 • 부적절한 부분 수정	⇨	활동 결과물 공유 (패들렛)	⇨	• 학생들끼리 교차 검토 • 교사 피드백: 수행결과점검

　※ 2단계에서 프롬프트에 반드시 '수사법의 개념'을 넣게 하면 학생이 작성한 프롬프트를 통해 이해도를 점검할 수도 있다.

활동지 예시

1. 수사법의 개념

- 글쓴이의 사상과 감정을 보다 [효과적]으로 나타내기 위한 표현의 기교

2. 수사법의 예문 만들기

- 수사법을 활용한 예문을 만들기 위해 AI에 무엇이라고 시키면 될까? (아래 예시 프롬프트를 통해 꼭 들어가야 할 내용을 반영하여 프롬프트를 작성해 봅시다.)

 [프롬프트 예시]
[역할 부여] 나는 중학교 1학년이야. 시 수업을 하면서 '수사법'에 대해 배우고 있어.
[수사법의 개념] 직유법은 '같이', '처럼' 등을 사용해서 원관념을 보조 관념에 직접 빗대는 수사법이야.
[예문 생성] 직유법이 사용된 예문을 1개 만들어 줘.

구분	종류	내가 만든 예문	AI의 예문 (각 1개)	AI 예문 수정하기
비유법	직유법	쟁반 같이 둥근 달	그의 목소리는 마치 부드러운 바람처럼 들렸다.	적절함.
	은유법	당신은 나의 하늘이다.	그녀의 눈은 별빛을 머금고 있는 밤하늘이다.	적절함.
	의인법	산이 나를 보고 웃으며 속삭였다.	바람이 속삭이며 나무 사이로 지나갔다.	적절함.
강조법	과장법	쥐꼬리만 한 월급	그의 목소리는 천하를 흔드는 포효처럼 컸다.	그의 목소리가 천하를 흔들었다.
	열거법	뛰고, 노래하고, 춤추고, 마구 웃었다.	나는 사과, 배, 복숭아, 포도, 그리고 딸기를 좋아한다.	적절함.
	영탄법	아아, 그는 갔습니다.	와, 이 꽃은 정말 아름답다!	적절함.
변화법	도치법	나는 하염없이 기다렸네, 그녀를.	하늘을 나는 새, 그 모습이 정말 아름답다.	정말 아름답다. 새가 하늘을 나는 모습이.
	대구법	인생은 짧고, 예술은 길다.	바람이 불고, 꽃이 피고, 새가 노래한다.	바람은 불고, 꽃은 피어났다.

	설의법	공든 탑이 무너지랴?	우리가 자연을 사랑하지 않으면 자연이 우리를 사랑할 수 있겠는가?	적절함.
	반어법	(늦은 친구에게) 너 참 빨리도 왔네.	정말 훌륭한 운동이었군요, 이렇게 망가질 줄은 몰랐어요.	적절함.
	역설법	작은 거인	가장 큰 행복은 때때로 슬픔 속에 숨어 있다.	적절함.
	돈호법	아이야, 은쟁반에 모시 수건을 마련해 두렴.	친구야, 여기 봐! 이 멋진 풍경을 함께 감상하자.	친구야, 이 멋진 풍경을 함께 감상하자.

※ 단, 기존에 나눠준 학습지에 없는 새로운 예문을 찾거나 만들 것!

1부

2부

3부

5장 문학

② 4~5차시: 다양한 표현법을 사용하여 시화 만들기

학습 목표	1. 비유법을 활용하여 자신의 경험을 담은 시를 창작할 수 있다. 2. 시의 분위기에 어울리는 시화를 제작할 수 있다.	차시	4~5차시/5차시

학습 단계	학습 내용	교수·학습 활동	지도상의 유의점

도입	동기 유발	• 하상욱 시인의 '다 쓴 치약'의 시화를 제시한다.
		  - 그림과 제목을 가리고 제시한 후 차례로 하나씩 공개하여 시 제목 맞히기 게임을 진행한다.
		• 시화를 보고 떠오른 느낌을 자유롭게 공유하고, 시화의 개념과 효과에 대해 이해한다.
		  - 시화란 무엇이고, 어떤 그림을 시와 함께 제시하는 것이 좋은지 간단히 안내하여 활동을 돕는다.
			
			<출처: [인터뷰] 바이크리페어샵, SNS 시인 하상욱을 만나다!>

전개 1	경험 떠올리기	• 자신이 시로 표현하고 싶은 경험을 떠올린다. - 당시의 상황, 느꼈던 감정을 구체적으로 떠올린다. • 자신의 경험을 바탕으로 창작할 시의 제목과 주제, 분위기를 정한다.	• AI를 사용하지 않도록 주의한다.

전개 2	AI의 예문 점검 하기	• 자신의 경험이 잘 드러나도록 시를 창작한다. 이때 '비유법'을 반드시 사용하여 창작한다. - 비유법을 통해 나타내고 싶은 것, 원관념과 보조 관념을 함께 쓴다.	• AI를 사용하지 않도록 주의한다.
전개 3	AI 활용 시화 만들기	• 생성형 AI를 활용하여 시에 어울리는 그림을 생성하여 시화를 완성한다. - 시의 내용, 주제, 분위기 등을 포함하여 프롬프트를 작성한다. 프롬프트를 수정한 경우 수정한 프롬프트까지 함께 활동지에 작성한다. • 시화가 적절한지 자기 평가를 진행한다.	• 프롬프트를 꼭 함께 작성하여 제출하도록 안내한다.
정리	평가 및 차시 예고	• 완성된 시화를 전시하고 상호 평가한다. • 활동을 정리하며 다음 차시 활동을 안내한다.	

각종 수사법의 개념을 알고 예문을 통해 구분하는 것도 중요하지만, 궁극적인 목표는 학생들이 다양한 표현 방법을 활용하여 작품을 창작하는 것이다. 3차시 활동을 바탕으로 4-5차시에는 시화를 만드는 활동을 진행한다. 시화뿐만 아니라 제작 관련 수행평가를 할 때 드는 고민 중 하나가 '그림' 자체에 시간을 쏟는 학생들이 많다는 것이다. 4~5차시의 수업에서 가장 중요한 것은 그림을 그리는 것이 아니라 '비유법을 활용하여 시를 쓰는 것'인데 말이다. 이때 조금 더 예쁘게, 조금 더 꼼꼼하게 그림을 그리고 싶은 학생들의 욕구를 채워 줄 수 있는 것이 바로 생성형 AI이다. 현재 챗GPT, 뤼튼과 같은 생성형 AI는 자체적으로 그림을 그려 주는 서비스가 있다. 이뿐만 아니라 레오나르도 AI, 캔바처럼 이미지를 생성하는 것에 특화된 AI도 많이 있다. 다음 활동지는 레오나르도 AI를 사용한 상황을 가정하였다.

> ※ 레오나르도 AI는 영어 기반 인공지능으로 한국어로 된 프롬프트를 번역하여 입력해야 한다. 활동지 예시에 제시된 것처럼 학생들이 원하는 프롬프트를 한국어로 쓰고, 번역기를 통해 영어로 번역한 뒤 레오나르도 AI에 입력할 수 있도록 자세한 안내 및 연습이 필요하다.

학생들이 시를 창작한 후 시의 분위기와 주제를 잘 살릴 수 있는 시화를 굳이 직접 그리지 않고 생성형 AI를 활용하여 그릴 수 있도록 안내한다. 생각보다 생성형 AI의 그림은 완성도가 높다. 학생들이 그림 자체에 집착하지 않도록 수업을 진행하고, 가장 중요한 것은 예쁜 그림을 그리는 것이 아니라 '시에 담고 싶은 경험을 구체화할 수 있는지', '비유를 사용하여 시를 창작할 수 있는지'이다. 완성된 작품은 패들렛이나 메타버스 공간 등에 게시하도록 하여 오픈 포트폴리오 평가를 진행하는 것으로 수업을 마무리할 수 있다.

√ 생성형 AI '레오나르도 AI'로 이미지 만들기

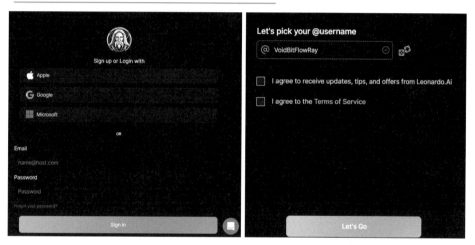

① '레오나르도 AI' 사이트에 접속하여 로그인한 다음, 이름을 설정한다.
- 구글이나 MS의 경우 학교 계정으로 로그인되지 않을 수 있어
학생들의 개인 e-mail 계정을 준비하는 것이 좋다.

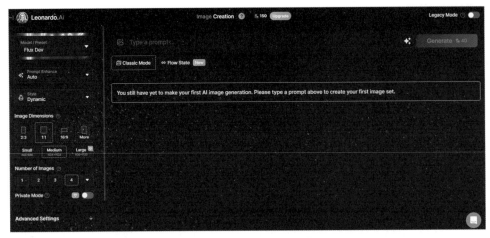

② 'Type a prompt...'에 원하는 이미지 프롬프트를 입력하고
'Generate'를 눌러 이미지를 생성한다.
- 처음 가입 시 '150'토큰이 주어지며 이미지 생성 시 토큰을 사용하게 된다.
이미지 생성 횟수에 제한이 있으므로 학생들이 신중하게 할 수 있도록 주의가 필요하다.

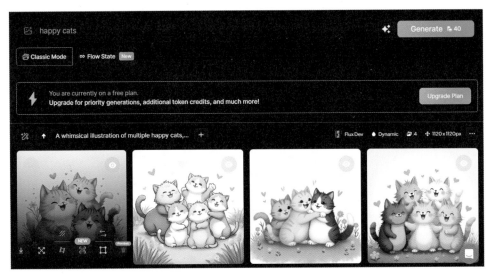

③ 생성된 이미지의 왼쪽 하단 '다운로드' 버튼을 누르면 생성한 이미지를 저장할 수 있다.

활동지 예시

1. 자신이 시로 쓰고 싶은 경험을 떠올려 봅시다.

시로 표현하고 싶은 경험	내가 축제 무대를 망쳐서 힘들 때 친구가 나를 위로해주었던 경험. 오랫동안 준비했던 밴드 공연이었는데 당일에 가사를 까먹어서 무대를 망쳤다. 너무 부끄럽고 창피하고 스스로가 미워서 무대에 내려와 울고 있는데 함께 공연을 했던 친구가 위로해 주었다. '네 잘못이 아니야. 넌 충분히 최선을 다했고 우리 모두 네가 최선을 다했다는 걸 알고 있어.'라고 말해 주었는데 큰 위로가 되었다.
그때 나의 감정	부끄러움, 미안함, 고마움, 감동
내가 쓸 시의 주제	따뜻한 위로와 우정

2. 비유 표현 2가지를 활용하여 시를 창작해 봅시다.

비유 표현 1	나를 찌르던 칼날 같은 눈동자들
그러한 비유를 사용한 이유	내가 무대에서 실수를 했을 때 관객들이 쳐다보던 눈동자가 너무 무섭고 나를 탓하는 것만 같았다. 관객들의 차가움과 두려움, 내가 느꼈던 창피함을 강조하기 위해 관객들이 나를 쳐다보던 눈빛을 '칼날'에 비유했다.
비유 표현 2	네 말은 포근한 난로였다.
그러한 비유를 사용한 이유	두려움과 창피함에 얼어 있던 나를 친구의 말 한마디가 녹여 주었다. 친구의 위로가 따뜻하게 느껴졌고 감동을 받아서 친구의 위로를 '포근한 난로'에 비유했다.

3. 시와 함께 주제와 분위기를 잘 살릴 수 있는 그림을 생성형 AI로 제작하여 시화 작품을 만들어 봅시다.

프롬프트 입력 방법	① 원하는 그림의 느낌, 분위기, 상황 등을 구체적으로 담은 프롬프트를 작성한다. ② 작성한 프롬프트를 구글 번역기를 활용하여 영어로 번역한다. ③ 영어로 번역된 프롬프트를 레오나르도 AI에 입력하고 이미지를 생성한다. (마음에 들지 않을 경우 위 과정을 반복한다.) ※ 이미지 생성 횟수에 제한이 있으니 주의할 것!
입력 프롬프트	친구의 따뜻한 위로로 감동받은 경험을 담은 시를 창작했어. 친구의 따뜻한 마음과 우정을 잘 나타낼 수 있는 따뜻한 분위기의 시화를 그려줘. 한 명의 친구가 다른 친구를 위로하고 있고 배경은 따뜻한 느낌이었으면 좋겠어.

	(번역: I created a poem about the experience of being touched by my friend's warm comfort. Draw a poem with a warm atmosphere that can express your friend's warm heart and friendship well. I hope one friend is consoling the other and the background feels warm.)
시의 제목	눈물과 위로

하늘을 향해 꿈을 꿨던 날
기대와 설렘 가득한 무대 위
가사는 바람처럼 흩어져 갔다.
그리고
나를 찌르던 칼날 같은 눈동자들

내가 나를 미워할 때
무대 아래서,
친구의 따뜻한 말이
나를 감싸왔다.
너의 말은 포근한 난로였고
위로였다.
네 말에
내 마음의 구름이 걷혔다.

슬픔의 바다에서
희망의 섬을 찾은 듯
다시 일어설 힘을 얻었다.

★ 추가 TIP!

◎ '시는 원래 노래였다.' - 수노 AI 활용하여 시를 노래로 만들기

　'시화 만들기' 대신 생성형 AI를 활용한 시 수업으로 제안하고 싶은 것은 '노래 만들기'이다. 시는 원래 노래로 부를 수 있는, 즉 운율이 있는 문학 갈래이다. 학생들이 자신의 경험을 주어진 수사법을 사용하여 시로 창작한 후 시를 '가사'로 삼아 노래로 만드는 것이다. 손쉽게 노래를 만들 수 있는 생성형 AI 서비스 중에 '수노 AI'가 있다. 수노 AI에 노래의 가사와 노래의 분위기 또는 장르(예: 따뜻하게, 발랄하게, 랩, 힙합, 클래식 등)를 입력하면 뚝딱 멋진 노래를 만들어 준다. 학생들이 자신이 쓴 시로 노래를 만드는 활동을 통해 시의 운율을 이해할 수도 있고 창작물을 '작품화'하는 경험을 해 볼 수도 있을 것이다.

√ 생성형 AI '수노 AI'로 노래 만들기

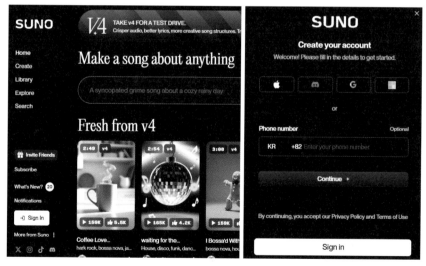

① '수노 AI' 사이트에 접속하여 왼쪽 아래 'Sign in' 버튼을 눌러 로그인한다.
- 구글이나 MS의 경우 학교 계정으로 로그인되지 않을 수 있으므로
학생들의 개인 e-mail 계정을 준비하는 것이 좋다.

② 위에서 두 번째 'Create' 탭을 클릭한다.
- 'Song description'에 원하는 노래의 느낌과 내용을 입력한 다음,
'Create' 버튼을 누르면 바로 노래가 만들어진다.

②-1. 'Custom'을 활성화하면 가사를 직접 입력하고 노래 스타일을 지정할 수 있다.

③ 'Lyrics' 칸에 가사를 입력하고, 'Style of Music' 칸에 분위기나 장르를 입력한 다음,
아래로 내려 'Create' 버튼을 누르면 노래가 만들어진다.

③ 한 번 생성하면 노래는 2곡이 만들어진다.

- 생성된 노래의 이미지 부분을 클릭하여 노래를 재생, 정지할 수 있다.

- [ ] 버튼을 누르면 다운로드도 할 수 있다.

※ 무료 버전의 경우 하루에 50크레딧(5번, 총 10곡)을 사용할 수 있으므로
무제한 노래 생성이 되지 않음을 학생들에게 주지시킬 필요가 있다.

1부

2부

3부

5장 문학

ㄹ) 소설 수업하기

Step 1. 생성형 AI와 함께 수업 준비하기

'소설' 수업에서는 다양한 예시 작품이 필요한 경우가 많다. 예를 들어, 시점에 대한 수업을 진행한다고 가정해 보자. 학생들에게 시점을 설명하기 위해 같은 상황을 1인칭 주인공 시점, 1인칭 관찰자 시점, 3인칭 관찰자 시점, 전지적 작가 시점으로 서술한 소설을 찾고 싶다. 그렇지만 같은 내용을 네 가지 시점으로 다룬 소설은 없을뿐더러, 있다고 해도 찾는 데에 시간이 아주 오래 걸린다. 실제 소설을 찾아서 제시한다면 가장 좋겠지만, 교사가 다양한 시점을 활용한 소설을 만들어야 할 때도 많다. 이럴 때 생성형 AI를 활용한다면 다양한 예시 작품을 쉽게 만들어 낼 수 있다.

[역할 부여] 나는 중학교 국어 교사야.
[수업 상황] 소설 수업을 하면서 소설의 '시점'에 대해 아이들에게 가르치고 있어.
[시점의 개념] 시점이란 소설에서 대상과 사건을 바라보는 서술자의 관점이야. 서술자의 위치와 태도에 따라 1인칭 주인공 시점, 1인칭 관찰자 시점, 전지적 작가 시점, 3인칭 관찰자 시점이 있어.
[작품 제시] 내가 지금 파일로 첨부한 소설은 김유정의 '동백꽃'의 일부야.
[예시 작품 생성] 이 작품의 시점은 1인칭 주인공 시점인데, 1인칭 관찰자 시점으로 바꿔서 써 줘. 서술자는 점순이의 친구면 좋겠어.

[AI의 답]
나는 친구를 지켜보았다. 친구는 생색 있는 큰 소리로 감자를 건네며, 이렇게 말했다.
"너 봄감자가 맛있단다."
그러나 그 소년은 고개도 돌리지 않고, 손으로 그 감자를 어깨 너머로 쑥 밀어 버렸다. 그 모습이 가는 기색이 없이, 고개를 돌려 보니 정말 놀랐다. 동네에 온 지 삼 년이 되어 가지만, 친구의 얼굴이 이렇게까지 새빨갛게 변한 것은 처음 본다. 눈에서는 독기가 느껴지고, 소년을 쏘아보면서 눈물이 고였다. 그렇게 친구는 바구니를 다시 집어 들고 단단히 이를 악물며, 논둑으로 달아나는 모습이었다.
그때 동리 어른이 한마디 했다.
"너 얼른 시집을 가야지?"
친구는 천연덕스럽게,

"염려 마세요. 갈 때 되면 어련히 갈 거예요!"라고 답했다.

부끄러움을 잘 타지 않는 성격인 친구, 그 상황에서 또 눈물은 보일 리가 없다. 그러나 그런 모습으로 떠나고 나서는, 소년을 보면 잡아먹으려는 듯이 쳐다보았다. 그렇게도 감자를 안 받아주는 것이 실례였다면, 그냥 주었지, 왜 "너네 집엔 이거 없지?" 같은 말을 했을까.

소년의 가족은 농사를 지으며 의지하고 살아가는 처지다. 소년이 마을에 처음 들어왔을 때, 집이 없어 곤란했을 때 점순이의 호의로 집터를 빌릴 수 있었다. 소년은 점순이 집안에 큰 은혜를 입은 셈이다. 어떤 날에는 부모님이 양식이 부족하면 점순이네에 가서 꾸어다 먹곤 하며, 점순네가 그런 좋은 집안이라 칭찬한다. 하지만 열일곱 살이 된 소년과 점순이가 수군거리며 다니면 동네의 소문이 나쁘다고 소년의 어머니는 주의를 주었다.

이와 같이 '동백꽃'의 서술자를 1인칭 관찰자 시점으로 변환하였습니다. 궁금한 점이나 추가 도움이 필요하면 언제든지 질문해 주세요!

AI의 답을 보면 알겠지만, 생각보다 AI는 소설을 잘 써 준다는 것을 알 수 있다. '갈등의 진행과 해결 과정에 유의하며 작품 감상하기'와 관련된 수업을 진행한다고 가정해 보자. 갈등 구조가 잘 드러난 소설이 제시되어 있으면 좋겠지만, 좋은 소설을 찾지 못한다면 AI에 소설을 써 달라고 부탁할 수도 있다. 다양한 예시 작품이 필요할 때 생성형 AI에 소설을 써 달라고 해 보자. 생각보다 다양한 수업 아이디어를 얻을 수 있을 것이다. 다만, 이러한 소설로 수업을 진행하거나 아이들에게 제공할 때 AI가 썼음을 적절하게 밝혀야 함은 물론이다.

[역할 부여] 나는 중학교 국어 교사야.

[수업 상황] 소설 수업을 하면서 소설의 '시점'에 대해 아이들에게 가르치고 있어.

[시점의 개념] 시점이란 소설에서 대상과 사건을 바라보는 서술자의 관점이야. 서술자의 위치와 태도에 따라 1인칭 주인공 시점, 1인칭 관찰자 시점, 전지적 작가 시점, 3인칭 관찰자 시점이 있어.

[상황 제시] 남녀가 카페에서 서로 의견 차이로 싸우는 내용의 소설이 있었으면 좋겠어. 싸움의 원인은 사소한 건데 서로를 배려하지 않아서 싸우는 내용으로 말이야.

[예시 작품 생성] 이걸 전지적 작가 시점, 1인칭 주인공 시점으로 각각 500자씩 소설을 써줘.

[AI의 답]
소설: 카페에서의 사소한 싸움

전지적 작가 시점

카페 안은 따뜻한 분위기로 가득 차 있었다. 하지만 그곳의 한 구석, 남자와 여자가 서로를 바라보며 감정이 상해 가고 있었다. 두 사람은 사소한 의견 차이로 싸우고 있었다.

"너는 항상 그런 식이야!" 여자가 목소리를 높였다. "내가 너를 위해서 뭔가를 해도 중요하게 생각하지 않잖아!"

"뭘 그렇게 크게 생각해?" 남자가 차가운 눈빛으로 대꾸했다. "그게 문제가 아니라, 그냥 내 의견도 존중해 주는 게 필요하지!"

서로의 말이 섞이면서 대화는 점점 격해졌다. 주변 손님들은 그들의 싸움을 조용히 지켜보며 불편한 기분을 느끼고 있었다. 무슨 일인가 싶어 귀 기울이던 이들도 서서히 눈살을 찌푸렸다.

사실, 이번 싸움은 사소한 음료 선택에서 비롯되었다. 여자는 카페의 인기 메뉴인 아메리카노를, 남자는 달콤한 카라멜 마끼아또를 선택했다. 여자는 그저 건강을 생각했다고 했지만, 남자는 그녀의 선택을 연달아 비판하는 듯한 태도에 화가 난 것이다.

몇 분이 지나자 그들은 서로의 이야기를 사라지게 할 정도로 고집을 부렸다. 하지만 누가 더 옳은가를 따지기 이전에 서로를 배려하지 않았다. 카페는 여전히 따뜻했지만 그들의 관계는 식어가고 있었다.

1인칭 주인공 시점

나는 카페 구석에 앉아 있었다. 내 옆에 있는 친구와 대화가 시끌벅적해지는 것을 지켜보니 조금 불안했다. 우리가 주문한 음료에 대해 작은 의견 차이에서 시작된 싸움이 점점 커져 갔다.

"너는 항상 그런 식이야!" 친구가 목소리를 높였다. 나는 그가 왜 그런지 이해할 수 없었다. 그는 왜 그렇게 큰소리로 나를 따지는 걸까?

"뭘 그렇게 크게 생각해?" 내가 대꾸하자, 친구는 고개를 돌리며 나를 노려보았다. 그의 반응에 나는 상처받은 기분이 느껴졌다.

늘 마시는 아메리카노 대신 달콤한 카라멜 마끼아또를 주문했다는 이유로 싸움이 시작된 것 같았다. 나는 그 친구의 건강을 걱정하며 선택한 것인데, 왜 그가 내 생각을 존중해 주지 않는지 슬펐다.

주변 사람들이 우리의 싸움을 지켜보며 불편해하는 모습을 보니 더 안타까웠다. 나는 친구와의 우정을 잃고 싶지 않았지만 그의 태도에 화가 나기 시작했다.

잠시 후 우리는 고집을 부리고, 서로의 이야기를 듣지 않았다. 간단한 음료 선택이 이렇게 커다란 언쟁으로 발전할 줄은 생각도 못했다. 서로를 좀 더 배려했다면 좋았을 텐데

아쉬움이 가득했다.

이렇게 각각의 시점으로 구성해 보았습니다! 궁금한 점이나 추가적으로 필요한 내용이 있다면 언제든지 말씀해 주세요!

Step 2. 생성형 AI와 함께 수업하기

가. 학습 목표 및 수업 설계 의도

소설을 제재로 수업할 때 가장 힘든 것은 학생들이 전문을 읽고 내용을 파악해야 한다는 것이다. 그리고 학생들이 소설의 내용을 잘 이해했는지를 확인하기 위해 각종 활동을 진행한다. 물론 학습 목표의 달성을 위한 활동도 있겠지만 기본적으로는 소설의 인물, 사건, 배경을 잘 이해하는 것이 먼저이다. 이번 챕터에서 제시하고자 하는 수업은 어떤 소설 수업에서도 사용할 수 있는 활동 아이디어를 제안하고자 한다.

매번 학생들에게 소설을 읽어 오라고 잔소리를 하고, 이후에 본문 구절을 일일이 풀이하고 소설 분석이 끝나면 내용 확인 문제와 퀴즈를 나눠 주면서 소설 내용을 점검하는 수업도 반복되면 지루해지기 마련이다. 생성형 AI를 활용하여 조금 더 학생들의 참여가 중심이 되는 수업을 고안해 보면 어떨까? 학생들의 소설 이해도를 점검할 수 있으면서도 재미있게 참여할 수 있는 두 가지 활동을 제시하였다. 이미지 생성 AI를 활용하여 등장인물의 얼굴 그려 보기와 생성형 AI를 활용한 소설 이어 쓰기 활동이다. 두 활동 모두 결국 소설 전반을 깊이 있게 이해해야 하는 활동이므로 어떤 소설 수업에서도 쉽게 적용할 수 있을 것이다.

주제	소설 속 말하는 이에 대한 이해를 바탕으로 소설 다시 쓰기
학습 목표	1. 소설 속 말하는 이의 삶과 행동, 정서를 깊이 있게 이해할 수 있다. 2. 소설 속 말하는 이에 대한 이해를 바탕으로 소설을 재구성할 수 있다.

관련 성취 기준	2015	[9국05-03] 갈등의 진행과 해결 과정에 유의하며 작품을 감상한다. [9국05-04] 작품에서 보는 이나 말하는 이의 관점에 주목하여 작품을 수용한다. [9국05-10] 인간의 성장을 다룬 작품을 읽으며 삶을 성찰하는 태도를 지닌다.
	2022	[9국05-02] 갈등의 진행과 해결 과정을 파악하며 작품을 감상한다. [9국05-03] 인간의 성장을 다룬 작품을 읽으며 문학의 가치를 내면화한다. [9국05-04] 보는 이나 말하는 이의 특성과 효과를 파악하며 작품을 감상한다.

	차시	교수·학습 내용	교수·학습 평가 계획
수업 흐름도	1~4	• 갈등의 진행과 해결 과정, 작품 속 말하는 이에 주목하여 소설 '내가 그린 히말라야시다 그림'을 감상한다.	• 작품에 대한 이해도를 점검하기 위한 형성 평가 및 지필 평가 실시
	5 (지도안, 활동지 첨부)	• 도입: 인물 얼굴 그리기 활동에 대한 동기 유발 • 전개 - 서술자의 특징을 중심으로 소설 내용 정리하기 - 서술자의 특징을 바탕으로 생성형 AI를 사용해 등장인물의 이미지 그리기 - 누가 생성한 이미지가 가장 소설의 내용과 분위기를 잘 반영하였는지 토의하기 • 정리: 활동 결과물 공유하기	• 학생들의 프롬프트를 바탕으로 작품 속 서술자의 특성과 성격을 잘 파악할 수 있는지 관찰 평가 및 피드백 진행 • 서로의 활동 결과물(프롬프트, 생성한 이미지)을 패들렛 등에 업로드하여 상호 평가 및 오픈 포트폴리오 평가 진행
	6 (지도안, 활동지 첨부)	• 도입: 소설 바꿔 쓰기에 대한 동기 유발 및 활동 안내 • 전개 - 소설의 줄거리를 정리하고 자신이 바꾸고 싶은 부분 정하기 - AI를 활용하여 재구성할 소설의 내용 구체화하기 - 소설의 일부를 바꿔 쓰기 • 정리: 활동 결과물 공유하기	• 학생들이 소설의 줄거리를 적절하게 파악하였는지, 생성형 AI를 활용하여 재구성할 소설의 아이디어를 구체화할 수 있는지 수시 피드백 제공 • 자신의 소설에 대한 자기 평가 진행 • 동료 학생들의 소설을 돌려 읽으며 상호 평가 진행
평가 항목		서술자에 대한 이해를 바탕으로 소설 재구성하기	

활동 요소	• 서술자에 대해 이해하고 서술자의 관점을 바탕으로 작품을 수용한다. • 서술자의 삶의 내력과 특징, 성격 등을 적절하게 분석한다. • 서술자에 대한 이해를 바탕으로 생성형 AI를 활용하여 인물의 이미지를 생성한다. • 갈등의 진행과 해결 과정을 중심으로 소설의 줄거리를 파악하고 소설의 일부를 창의적 으로 재구성한다. • 생성형 AI를 활용하여 재구성할 이야기의 아이디어를 구체화한다.
교과 역량	☑ 문화 향유 역량　　　☐ 공동체·대인관계　　　☑ 비판적·창의적 사고 ☑ 디지털·미디어 역량　☑ 자기 성찰·계발　　　☐ 협력적 소통 역량
평가 방법	☑ 서술 논술　　☐ 구술 발표　　☐ 토의 토론　　☐ 프로젝트　　☐ 실험 실습 ☑ 포트폴리오　☑ 자기 평가　　☑ 동료 평가　　☑ 관찰 평가
평가 방향 (의도)	학생들이 서술자의 관점을 잘 이해하고 있는지 활동을 통해 평가한다. 생성형 AI를 활용해 인물의 이미지를 생성할 때 학생들이 작성한 프롬프트를 통해 서술자의 특징 및 관점을 잘 이해하였는지 확인할 수 있다. 또한, 학생들이 다양한 프롬프트를 실험하고, 그 결과를 비교하여 소설의 분위기를 잘 반영한 이미지를 찾는 과정에서 비판적·창의적 사고를 함양할 수 있다. 소설의 줄거리를 창의적으로 다시 쓰는 활동을 통해 학생들의 창작 및 재구성 능력을 함양하고 문학적 감수성을 높이며 작품에 대한 깊은 이해를 도모할 수 있다.
평가 요소	• 삶의 내력과 특징, 성격 등을 바탕으로 서술자에 대해 적절하게 분석하기 • 서술자에 대한 이해를 바탕으로 인물의 이미지 생성하기 • 서술자의 관점을 바탕으로 작품의 줄거리 정리하기 • 생성형 AI를 활용하여 소설의 일부 재구성하기

구분	배점	채점 기준		
서술자 분석하기	5	5	3	1
		서술자의 삶의 내력과 특징, 성격 등을 적절하게 분석할 수 있음.	서술자에 대해 부분적으로 적절하게 분석할 수 있음.	서술자에 대해 분석하는 것에 어려움이 있음.
인물의 이미지 생성하기	5	5	3	1
		서술자에 대한 이해를 바탕으로 AI를 사용하여 인물의 이미지를 적절하게 생성할 수 있음.	서술자에 대한 이해가 부족하나 AI를 사용하여 인물의 이미지를 생성할 수 있음.	서술자에 대한 이해를 바탕으로 인물의 이미지를 생성하는 것에 어려움이 있음.

갈등을 중심으로 소설 내용 파악하기	5	5	3	1
		갈등의 진행과 해결 과정을 중심으로 소설의 내용을 파악하고 자신이 바꾸고 싶은 부분을 정할 수 있음.	소설의 갈등과 해결 과정을 부분적으로 파악하고 자신이 바꾸고 싶은 부분을 정할 수 있음.	갈등의 진행과 해결 과정을 중심으로 소설의 줄거리를 파악하고 자신이 바꾸고 싶은 부분을 정하는 것에 어려움이 있음.
소설의 일부 재구성하기	5	5	3	1
		생성형 AI를 적절하게 활용하여 소설의 일부를 창의적으로 재구성할 수 있음.	생성형 AI를 활용하여 소설의 일부를 재구성할 수 있음.	생성형 AI를 활용하여 소설의 일부를 재구성하는 것에 어려움이 있음.

나. 수업 들여다보기

① 5차시: 등장인물의 얼굴 그리기

학습 목표	1. 소설 속 서술자에 대해 이해하며 작품을 수용할 수 있다. 2. 서술자에 대한 이해를 바탕으로 인물의 이미지를 적절하게 생성할 수 있다.		차시	5차시/6차시
학습 단계	학습 내용	교수·학습 활동		지도상의 유의점
도입	동기 유발	• 설명만 듣고 그림을 그려서 제시어 맞히기 게임을 진행한다. • 제시어를 잘 맞히기 위해서는 설명이 정확해야 하는 것처럼 소설 내용에 대해 잘 이해해야 이어지는 활동을 잘 수행할 수 있음을 안내한다.		
전개 1	등장인물의 삶 정리하기	• 소설 《내가 그린 히말라야시다 그림》의 내용을 각각의 인물의 삶에 집중하여 정리한다. - 주인공 '0'의 삶의 내역과 '1'의 삶의 내역을 각각 정리한다. • 두 주인공의 특징과 성격을 정리한다. - 인물의 성별, 직업, 취미, 가정 환경, 겪은 사건, 성격 (MBTI) 등을 비교하여 정리하게 한다.		• 생성형 AI를 사용하지 않고 직접 소설을 읽으며 정리할 수 있도록 지도한다.

전개 2	등장인물의 얼굴 그리기	• 정리한 주인공의 특징을 바탕으로 프롬프트를 작성하고 생성형 AI에 입력한다. - 여러 번 수정을 거쳐도 되나, 수정한 프롬프트 모두 기록할 수 있게 한다. • 최종 완성된 이미지를 패들렛에 업로드한다. • 누구의 이미지가 가장 소설 속 느낌을 잘 구현했는지 투표하게 한다.	• 프롬프트에 소설 내용 및 인물에 대한 이해가 잘 드러났는지 수시로 점검한다.
정리	정리 및 차시예고	• 친구들의 활동 결과물을 보며 인상 깊은 점과 그 이유를 댓글로 작성하게 한다.	

　첫 번째로 소설과 관련하여 진행할 수 있는 활동은 '등장인물 얼굴 그리기' 활동이다. 이 활동이 왜 소설의 전반적인 이해와 관련이 있는지 의문을 제기하는 사람들이 많을 듯하다. '단순히 그림을 그리는 활동이라면 AI를 쓰지 않아도 되고, 굳이 등장인물을 그려 보게 하는 활동이 필요할까?' 싶기 때문이다. 그러나 이미지를 생성하는 AI를 활용해 본 사람이라면 생각보다 자신이 원하는 느낌의 그림을 그리기 위해서는 프롬프트를 상세하게 입력해야 한다는 것을 느꼈을 것이다. 마찬가지로 학생들은 자신이 생각하는 등장인물의 이미지를 구현하기 위해서 더 소설을 꼼꼼하게 읽고 인물을 이해하게 된다.

1단계		2단계		3단계
인물의 삶을 요약하여 프롬프트로 입력 (반복 수행)	⇨	최종 이미지 공유 플랫폼 (패들렛)에 업로드	⇨	토의 활동을 바탕으로 한 상호 평가

　※ 3단계에서 학생들은 다른 학생들의 이미지와 프롬프트를 보며 자신의 활동 결과물을 반성하고 소설 내용의 이해를 다시 한번 점검할 수 있을 것이다.

활동지 예시

1. '0'과 '1'에 해당하는 내용을 따로 모아서 각각의 이야기로 정리해 봅시다.

0의 이야기	나는 현재: 천재적인 재능이 있다고 평가받는 남자 화가이다. 3학년 때: 아버지의 친구였던 담임 선생님을 만나, 4학년 학생 대신 사생대회에 참가하여 장원을 하였다. 4학년 때: 정식으로 사생대회에 참가하여 또 장원을 하였다. 뒤늦게 수상작이 어떤 여자아이의 그림이었음을 알게 된다. 그러나 나는 창피함에 잘못된 사실을 밝히지 못하였다. 결국 그 일은: 지금까지도 잊히지 않고 화가로서의 나의 삶에 영향을 미쳤다.
1의 이야기	나는 현재: 그림 감상을 좋아하는 여자이다. 어린 시절: 0과 같은 초등학교를 나왔고 부유한 환경에서 자랐다. 4학년 때: 사생대회에 나갔다가 참가번호를 잘못 적어서 내 뒤에서 그림을 그리던 남자아이가 장원상을 받았다. 그러나 귀찮기도 하고, 상에 연연할 필요도 없는데다 그 남자아이가 느낄 좌절감이 마음에 걸려서 사실을 말하지 않았다. 지금도 나는: 남부러울 것 없는 생활을 하고 있다. 마침 길을 가다 0과 마주쳤지만: 아는 척을 할까 하다 그냥 지나쳤다.

2. 주어진 요소들을 중심으로 이 소설의 서술자에 관해 파악해 봅시다.

0의 서술자 (이름: 백선규)		1의 서술자 (이름: 알 수 없음)
남자	성별	여자
농사를 짓고 염소를 치는 [가난]한 집안의 아들임.	어릴 적 가정 환경	큰 제재소를 운영하는 [부유]한 집의 딸임.
아버지는 꿈을 접었지만 자녀가 꿈을 펼칠 최소한의 [기회]를 만들어 주고자 함.	아버지의 가치관	여자는 예쁘게 커서 결혼만 잘하면 된다고 생각함.
3학년 때는 [축구]를 좋아했음. 그림 그리기에 [재능]이 있음.	취미	피아노 치기, 그림 그리기 등 여러 [예술] 교육을 받았으며 문예반 선생님의 영향으로 [글] 쓰는 것을 좋아함.
어릴 적 일을 잊지 못하고, 그 영향을 받으며 살아온 것으로 볼 때 자기 [성찰]적이며 끊임없이 노력하는 성격임. [MBTI: INTJ]	성격 (MBTI)	[경쟁]을 싫어하고 현재의 삶에 [만족]함. [MBTI: INFP]

어릴 때 겪었던 사건을 통해 자신의 실력을 [의심]하고, 매번 [최선]을 다해 그림을 그림.	성장 과정
한국을 대표하는 [화가]가 됨.	현재의 삶

성장 과정	부족함 없이 자라 [가정학]을 공부하고, [판사] 남편을 만나 결혼해 자식을 낳고 부러움 없이 살아옴.
현재의 삶	그림 감상을 하며 [여유] 있는 삶을 누리고 있음.

3. 서술자에 대해 파악한 내용을 바탕으로 생성형 AI를 활용하여 등장인물의 이미지를 생성해 봅시다. 생성한 이미지는 프롬프트와 함께 패들렛에 업로드합니다.

	내가 작성한 프롬프트	생성된 이미지
0	- 그림에 천재적인 재능이 있다고 평가받지만 어린 시절 그림 대회에서 부정을 저질렀던 일로 인해 평생 자신의 재능을 의심하여 살아가는 남자 화가 이미지를 그려 줘. - 한국인이었으면 좋겠어.	
1	- 그림 감상을 좋아하는 성인 여자로 어린 시절부터 부유한 환경에서 자랐고 미술 과외도 받았어. 어린 시절 실수로 미술 대회에서 1등을 놓친 적이 있지만, 귀찮기도 하고 대신 상을 받은 아이가 느낄 좌절감이 마음에 걸려서 실수를 바로잡지 않았으며 지금도 화가는 아니지만 남부러울 것 없는 생활을 하고 있는 여자의 이미지를 그려 줘. - 한국인이었으면 좋겠어.	

4. 친구들의 이미지를 보고 가장 소설 속 느낌을 잘 구현했다고 생각하는 친구의 게시글에 '좋아요'를 눌러 봅시다.

5. 친구들의 활동 결과물을 보며 인상 깊은 점과 그 이유를 댓글로 써 봅시다.

② 6차시: 소설 바꿔 쓰기

학습 목표	1. 갈등의 진행과 해결 과정을 중심으로 소설을 감상할 수 있다. 2. 생성형 AI를 적절하게 활용하여 소설의 일부를 재구성할 수 있다.		차시	6차시/6차시
학습 단계	학습 내용	교수·학습 활동		지도상의 유의점
도입	동기 유발	• 《셜록 홈즈》의 결말이 바뀌게 된 에피소드를 제시하며 소설 이어 쓰기의 활동에 대한 흥미를 유발한다.		
전개 1	새로운 소설의 줄거리 쓰기	• 소설 《내가 그린 히말라야시다 그림》의 갈등과 줄거리를 정리한다. • 자신이 주인공이었다면 어떻게 했을지 말해 보고 내용을 바꾸고 싶은 부분의 줄거리를 정한다. • 사건의 배경, 인물의 행동, 정서, 행동의 결과 등을 어떻게 바꿀 것인지 구체화한다.		
전개 2	AI를 활용하여 상상하기	• 자신이 바꾼 줄거리대로 소설이 진행된다면 어떻게 될 것인지 AI를 활용하여 자유롭게 상상한다. • 소설의 분위기와 주제, 배경 등을 AI를 활용하여 구체화한다. (예시 프롬프트 제공) • AI가 상상한 내용이 마음에 드는지 이유와 함께 대화 과정을 기록한다.		
전개 3	소설 완성하기	• 전개 1, 2의 활동을 바탕으로 바꿔 쓴 소설을 완성한다. • 완성한 소설을 모둠별로 돌려 읽고 서로의 소설에서 인상 깊은 점, 이해가 안 가는 점, 공감 가는 점에 대해 자유롭게 이야기를 나눈다.		• 소설을 쓰는 과정에서는 AI를 활용하지 않도록 주의한다.
정리	활동 정리	• 완성된 소설을 게시하고 공유 및 평가한다.		

소설 쓰기에서 AI를 활용할 때 주의해야 할 것은 AI를 사용해야 하는 부분과 사용하지 말아야 하는 부분을 명확히 구분해 주어야 한다는 것이다. 이는 학습 목표와 직접적인 연관이 있다. '소설을 쓰는 것' 자체가 중요한 평가 기준이라면 소설을 작성하는 과정에서 AI를 활용해서는 안 된다. 반면 소설을 쓰는 것보다는 소설의 결말에 대한 아이디어를 떠올리는 것이 중요한 경우라면 반대로 소설을 작성할 때는 AI를 활용해도 되지만, 소설의 줄거리를 떠올리는 구상 과정에서 AI를 활용해서는 안 될 것이다. 이처럼 교사가 자신의 수업에서 중요한 것이 무엇인지, 학생들이 달성해야 할 목적이 무엇인지 판단하여 AI를 적재적소에 활용할 수 있어야 할 것이다.

여기서 제시된 수업은 학생들이 등장인물들의 행동과 정서를 잘 이해하는지, 만약 그들의 행동이 바뀌었다면 소설이 어떻게 달라졌을지를 상상하게 하는 것에 주안점을 두었다. 소설의 전체가 아닌, 자신이 흥미가 있거나 핵심적인 부분을 바꿔 쓰게 하고 AI를 활용하여 다양한 소설의 방향성을 고민하게 하는 것이다. 단순히 AI의 결과를 붙여 넣는 것이 아니라, AI가 내놓는 수만 가지 아이디어 속에서 자신이 마음에 드는 것을 취사선택하고 다양한 소설의 아이디어를 얻은 다음 직접 소설을 완성해 보는 활동을 구성해 보았다.

활동지 예시

1. 수상자 선정이 잘못되었다는 것을 알았을 때 0과 1의 '나'가 겪었을 갈등을 파악하고, 자신이 그 인물이었다면 어떻게 했을지 생각해 봅시다.

(1) 0과 1의 '나'가 느꼈을 갈등을 파악해 봅시다.

인물	갈등 내용
0의 서술자	수상작이 자기 것이 아니라고 말하자니 수상 소식에 눈물을 흘리며 미술반 선생님 품에 안겨 울었던 일 등이 생각나서 너무도 (부끄럽고), 말하지 않자니 그 사실을 알고 있을 여자아이에게 (죄책감)이 느껴져 말을 하는 것도, 말하지 않는 것도 모두 난감하였을 것이다.
1의 서술자	자기 실수로 참가 번호를 잘못 적었다고 말하고 자기가 받아야 할 상을 (되찾고) 싶은 마음과, 그렇게 하면 이미 상을 받은 그 아이가 (죄책감)을 느낄 것과 (귀찮은) 과정을 거쳐야 할 것이 생각나 갈등하였을 것이다.

(2) 만약 자신이 0과 1의 '나'였다면 위와 같은 상황에서 어떻게 행동했을지 말해 봅시다.

0의 '나'라면?	1의 '나'라면?
진실을 ☐ 밝힌다. ☐ 밝히지 않는다. 왜냐하면	진실을 ☐ 밝힌다. ☐ 밝히지 않는다. 왜냐하면

2. 아래는 원작의 주요 플롯입니다. 순서에 따라 적절하게 줄거리를 정리해 봅시다.

0	1	0	1	0	1	0	1
아버지와 천수기 선생님이 만남.	카페에서 백선규의 그림을 봄.	3학년 때 4학년 학생 대신 사생대회에 나갔어서 장원을 함.	4학년 때 사생대회에 나갔다가 남자 아이 앞에서 그림을 그림.	4학년 때 정식으로 사생 대회에 나가서 장원을 함.	자신의 실수로 장원상을 받을 기회를 놓친 과거를 떠올림.	장원작이 자신의 그림이 아니라는 사실을 알고 평생의 삶에 영향을 미침.	백선규를 길에서 마주치지만 지나침.
①	②	③	④	⑤	⑥	⑦	⑧

3. 이 소설의 서술자를 바꾼다면 누구로 바꿀 수 있을까요? (0과 1 제외)

힌트: 이 소설에 등장하는 인물은 누가 있을까요? 소설에 등장하지는 않지만 나타날 수 있는 인물은 누가 있을까요?
천수기 선생님, 미술반 선생님, 0의 친구, 1의 친구

4. 서술자 또는 서술자의 행동을 바꾸어 이 소설의 한 장면을 다시 써 봅시다.

(1) 내가 선택한 서술자는 누구인가요? (주은미 선생님)

(2) 다시 쓰고 싶은 장면을 1(①~⑧)에서 골라 봅시다. (⑤)

(3) 생성형 AI를 활용하여 소설의 아이디어를 구체화해 봅시다.

힌트: 서술자가 바뀌었을 때 달라질 수 있는 부분에 대해 질문해 봅시다.

[프롬프트 1]
내가 첨부한 파일은 성석제의 '내가 그린 히말라야시다 그림'의 일부야. 순간의 선택으로 인생의 많은 부분이 달라진 두 아이의 성장 이야기를 다룬 소설인데, 주인공 '0'이 4

학년 때 정식으로 사생대회에 났고, '1'의 실수로 자신의 그림이 아닌데 장원상을 받은 부분이야. 나는 여기서 서술자를 '미술반 선생님'인 주은미 선생님으로 바꾸고 싶어. 미술반 선생님은 사건의 전말을 어느 정도 알고 있을 텐데, 미술반 선생님의 시점으로 소설을 쓰면 어떤 점이 달라질 수 있을까?

 [AI의 답]

소설의 서술자를 주인공 '0'이 아닌 미술반 선생님인 주은미 선생님으로 변경할 경우 다음과 같은 변화가 생길 수 있습니다:

1. 시점과 감정의 변화

· 객관적 관찰: 주은미 선생님은 학생들의 그림을 평가하며, 그들의 감정과 행동을 객관적으로 바라볼 수 있습니다. 이는 '0'의 주관적인 감정에서 벗어나 더 넓은 관점을 제공합니다.

· 감정의 깊이: 선생님의 서술을 통해 '0'뿐만 아니라 다른 학생들의 시각과 감정을 동시에 전달할 수 있어 이야기의 깊이를 더할 수 있습니다.

2. 사건의 전후 관계

· 진실의 공유: 미술반 선생님은 '1'의 실수를 이미 알고 있을 가능성이 큽니다. 이 정보는 사건 전개에서도 중요한 역할을 하여 선생님의 내적 갈등과 도덕적 딜레마가 드러날 수 있습니다.

· 설명 및 해설: 선생님은 주제에 대한 설명을 통해 교육적인 의미나 윤리를 강조할 수 있으며, 이는 독자에게 더 다양한 해석의 기회를 제공합니다.

3. 주제의 확대

· 화술과 교육 철학: 주은미 선생님이 예술과 교육에 대한 신념을 표현함으로써 소설의 주제가 더욱 확장될 수 있습니다. 예를 들어, 미술이 단순한 기술이 아닌 자아 표현의 수단이라는 설명이 더해질 수 있습니다.

4. 캐릭터 개발

· 다양한 캐릭터의 발전: 미술반 선생님의 시각은 이들과의 교감을 통해 다양한 캐릭터가 어떻게 발전하는지를 보여줄 수 있습니다. 학생들의 성장과 갈등을 바라보는 선생님의 시선은 독자에게 새로운 통찰을 줄 수 있습니다.

5. 독자와의 연결

· 정서적 연대: 선생님의 서술은 독자와의 정서적인 연결을 형성하는 데에도 도움을 줄

수 있습니다. 선생님이 느끼는 크레파스와 스케치북의 상징성은 학생과의 유대감을 더욱 강화할 수 있습니다.

힌트: 서술자의 행동이 바뀌었을 때 달라질 수 있는 부분에 대해 질문해 봅시다.

[프롬프트 2]

그럼 여기서 만약에 주은미 선생님이 사실을 '0'에게 알려 주었거나, 진실을 알게 된 '0'이나 '1'이 진실을 밝혔다면 소설이 어떻게 달라졌을까?

[AI의 답]

1. 인물의 갈등과 성격 발전

· 감정의 긴장감 감소: 만약 주은미 선생님이 사실을 '0'에게 직접 전한 경우 주인공은 진실을 알게 되어 갈등이 줄어들 수 있습니다. 하지만 이 자리에서 '0'이 어떤 반응을 보이느냐에 따라 다른 갈등이 생길 수 있습니다.

· 책임의 문제: '1'이 실수를 의도적으로 숨기려고 했다면 그에 대한 책임감과 후회가 드러날 수 있으며, 이는 인물 간의 관계에 심각한 영향을 미칠 수 있습니다.

2. 이야기의 주제 변화

· 진실과 자기 발견: 진실이 밝혀지는 과정에서 '0'이 자신의 재능과 가치에 대해 재정립하는 모습이 강조될 수 있습니다. 주호의 성장 서사가 더욱 부각될 수 있습니다.

· 도덕적 질문: 진실을 알게 된 '0'이 타인에게 어떻게 반응할 것인가에 대한 질문이 제기될 수 있습니다. 이로 인해 도덕적이고 철학적인 주제가 더욱 두드러질 수 있습니다.

3. 캐릭터 간의 관계 변화

· 상호 이해 증가: 만약 '1'이 진실을 공개한다면 두 캐릭터 사이에 이해와 동정이 생길 수 있습니다. 이 과정은 두 캐릭터의 우정과 연대감을 강화할 수 있는 기회를 제공하여 중요한 전개로 이어질 수 있습니다.

· 권력 관계의 재편: 주은미 선생님이 진실을 폭로하는 경우 교육자와 학생 간의 권력 dynamics가 변화할 수 있으며, 이는 독일에게 새로운 시각을 제시합니다.

4. 플롯의 변동

· 예상치 못한 결말: 이 과정이 어설프게 진행되면 예상치 못한 결말로 이어질 수 있습니다. '0'와 '1'의 충돌이 있고, 서로의 성장과 회복을 보여주면서 이야기를 끝낼 수 있습니다.

· 사건 전개 양상 변화: 진실의 공개로 인해 본래의 사건 전개가 바뀌고 더 복잡한 갈등

의 구도가 만들어질 수 있습니다.

이처럼 주은미 선생님이나 주인공들이 진실을 알게 되는 경우, 이야기의 내적 갈등과 주제, 인물 간의 관계가 훨씬 더 복잡하게 얽힐 수 있습니다. 작품에 깊이를 더하고 다양한 해석의 가능성을 제공할 것입니다.

힌트: 소설을 쓰다가 막히는 부분에 대해 질문해 봅시다.

 [프롬프트 3]

생략

 [AI의 답]

생략

(4) 아래에 소설의 한 장면을 다시 써 봅시다.

3

생성형 AI를 활용한
입시 지도하기

1장

생성형 AI로 자기소개서 쓰기

'입시'라고 하면 가장 먼저 떠오르는 것은 단연 자기소개서와 면접이다. 대학교 입시에서는 당연하거니와 고등학교 입시에서도 특목고, 특성화고 등을 준비할 때 자기소개서와 면접은 필수적이다. 국어 교사라는 과목 특성상 입시 시즌이 다가오면 학생들로부터 자기소개서와 면접 지도 요청이 많이 들어온다. 모든 학생들을 정성껏 지도하고 싶지만, 교사의 몸은 하나뿐이고 교과 수업과 행정 업무에 치이다보면 물리적인 시간이 부족한 것이 사실이다. 이때 생성형 AI를 활용하면 더 쉽게, 더 많은 데이터를 바탕으로 학생들에게 효과적인 피드백을 제공할 수 있다. 또한, 학생들이 스스로 생성형 AI를 활용해 연습하고 감을 잡아갈 수 있도록 방법을 알려줄 수도 있다. 이번 챕터는 생성형 AI를 활용하여 학생들의 입시 지도를 하는 교사뿐만 아니라, 입시 준비에 어려움을 겪는 학생들에게도 유용할 것이다. (이번 챕터는 학생들도 쉽게 보고 따라할 수 있도록 독자를 학생으로 가정하여 서술하였다.)

생성형 AI의 도움을 받아 자기소개서를 쓰기 이전에 명심해야 할 것이 있다. '자소서(자기소개서)'가 '자소설(자기소설)'이 되면 안 된다는 것이다. 생성형 AI를 활용해서 '나'의 이야기를 입시 상황에 맞게 잘 쓸 수 있도록 도움을 받는 것이지 내가 하지 않은 일이나 나와 관련 없는 내용, 진정성이 없는, 겉만 번지르르한 내용을 AI를 통해 거짓으로 만들어 내는 것이 아니다. AI의 도움을 받는 과정에서도 나 스스로가 어떤 학창 시절을 보내왔는지, 내가 그 과정에서 무엇을 배우고 느꼈는지 끊임없이 고민하는 숙고의 과정은 반드시 필요하다.

7) 자기소개서의 일반적인 쓰기 방식 알기

자기소개서가 처음이라 어떤 내용을 어떤 순서로 써야 할지, 또 경어를 써야 하는지 평어를 써야 하는지 막막하다면 생성형 AI의 도움을 받아 볼 수 있다. 이때 '자기소개서 쓰는 방법을 알려 줘.'라고 간단하게 물어볼 수도 있지만, AI에 지원하는 학교나 학과에 대한 정보를 제시하거나 해당 학교에서 요구하는 조건(글자 수 등)을 함께 제시하면 더욱 구체적인 정보를 얻을 수 있다. 먼저 '외고', '과학고', '철도고', '교육과', '체육과' 등 학교나 학과의 정보도 매우 중요하다. 내가 어떤 학교(학과)의 입시를 준비 중인지 명확하게 제시하여 역할을 부여할 필요가 있다. 그리고 학교(학과)에서 요구하는 글자 수 등 조건을 명확히 밝혀야 한다. 그리고 '예시'를 요청하면 여러 예시를 확인하며 자기소개서에 대한 감을 익힐 수 있다.

 나는 ○○외국어 고등학교 입시를 준비하고 있어. 자유 형식으로 2,000자 내외의 자기소개서를 작성해서 제출해야 하는 상황이야. 자기소개서를 어떤 양식으로 작성해야 하는지, 어떤 문체로 써야 하는지, 어떤 내용을 담아야 하는지 예시를 들어서 구체적으로 알려 줘.

 [AI의 답]
○○외국어 고등학교 입시 자기소개서 작성 가이드
자기소개서는 나만의 강점을 부각하고, 학교에서 기대하는 학생상에 부합하는 내용을 담아야 합니다.

1. 자기소개서 구성
1) 첫 문단: 지원 동기와 진로 목표

- 왜 외국어 고등학교를 선택했는지 구체적으로 서술
- 자신의 꿈이나 목표가 학교와 어떻게 연결되는지 설명
- 첫 문장에서 지원자의 열정과 동기가 드러나도록 작성

2) 두 번째 문단: 학업 능력 및 성취
- 학교에서 경험한 학업적 성취, 프로젝트, 경시대회 등을 구체적으로 언급
- 외국어 학습과 관련된 노력(독학, 어학 캠프, 외국인과 교류 등)을 부각
- 학문적인 호기심과 탐구력을 강조

3) 세 번째 문단: 인성 및 리더십
- 친구, 가족, 학교에서의 경험을 통해 자신이 가진 인성을 보여줌.
- 협업, 리더십, 봉사활동 등을 구체적으로 예시로 들어 설명
- 학교 공동체에서 어떤 가치를 더할 수 있는지를 표현

4) 네 번째 문단: 외국어 고등학교에서의 계획
- 입학 후 어떤 활동(동아리, 학술대회, 봉사 등)에 참여하고 싶은지 구체적으로 언급
- 외국어 고등학교에서의 학습 계획과 졸업 후 진로 계획을 연결
- 자신이 학교에 기여할 수 있는 점을 강조

5) 결론: 다짐 및 열정 표현
- 외국어 고등학교에 대한 간절함을 간결하게 강조
- 입학 후 구체적인 목표와 비전을 제시

2. 문체와 표현
- 자연스럽고 진솔한 문체: 너무 격식을 차리기보다 자신만의 목소리가 드러나도록 작성
- 구체적인 경험 중심: "열심히 노력했다" 대신 "매일 30분씩 영어 독해 연습을 했다"와 같이 구체적으로
- 긍정적이고 능동적인 태도: 문제를 해결했던 경험이나 도전정신을 강조
- 간결하고 명확한 문장: 한 문장은 20~25자 내외로 유지

3. 예시
1) 첫 문단: 지원 동기와 진로 목표
"언어는 단순한 소통의 도구를 넘어 문화를 이해하고 세상을 연결하는 힘을 가지고 있습니다. 저는 초등학교 시절 가족과 해외여행을 다니며 다양한 언어를 접했고, 그 경험은 제게 언어학에 대한 관심을 불러일으켰습니다. 특히 영어와 스페인어를 통해 문화를 배우는 과정에서 언어가 사람과 사람을 이어주는 다리라는 것을 깨달았습니다. 이러한 경험은 ○○외국어 고등학교에 지원하게 된 계기가 되었습니다. 저는 이 학교에서 다양한 외국어를 배우며 국제 사회에서 소통의 중심이 되는 사람이 되고 싶습니다."

2) 두 번째 문단: 학업 능력 및 성취

"중학교 2학년 때 영어 스피치 대회에서 '글로벌 리더십'을 주제로 발표하여 2등을 차지한 경험은 제 외국어 학습에 큰 자신감을 주었습니다. 또한, 스페인어를 독학하며 한 달에 한 권의 소설을 읽고 독서 기록을 남겼으며, 이를 바탕으로 학급 친구들과 스페인어 독서 모임을 운영했습니다. 이러한 노력은 언어 학습에 대한 제 열정과 탐구력을 보여줍니다."

3) 세 번째 문단: 인성 및 리더십

"저는 친구들과 협력하며 함께 성장하는 것을 중요하게 여깁니다. 학교 내 환경미화 동아리에서 활동하며 책임감을 키웠고, 팀원들과 함께 지역 사회를 위한 캠페인을 진행하며 리더십을 발휘했습니다. 특히, 외국인 유학생 멘토링 활동을 통해 언어를 매개로 새로운 문화를 배우고 나누는 즐거움을 경험했습니다."

4) 네 번째 문단: 외국어 고등학교에서의 계획

"○○외국어 고등학교에서는 영어와 스페인어를 심화 학습하고, 국제 교류 동아리에 참여하여 다양한 문화적 배경을 가진 친구들과 교류하고 싶습니다. 또한, 학교에서 진행하는 해외 연수 프로그램에 참여하여 실질적인 언어 능력을 키우고, 글로벌 사회에서 활약할 수 있는 기반을 다질 것입니다."

5) 결론: 다짐 및 열정 표현

"저는 ○○외국어 고등학교에 입학하여 언어와 문화를 배우는 데 최선을 다할 것입니다. 이를 통해 언어를 매개로 사람과 사람을 연결하며 세상에 긍정적인 영향을 미치는 글로벌 리더로 성장하고자 합니다."

4. 주의 사항

- 솔직하게 작성: 과장된 표현은 피하세요.
- 자신의 이야기 중심: 다른 사람의 경험을 따라 하지 말고 자신만의 이야기를 담으세요.
- 첨삭 필수: 문법 오류, 어색한 표현 등을 꼼꼼히 점검하세요.

이 양식을 기반으로 작성하면 ○○외국어 고등학교가 원하는 학생상을 잘 드러낼 수 있을 것입니다!

2) 스토리텔링 만들기

자기소개서는 자신의 강점을 드러내면서도 노력의 양상과 이를 통한 성장, 그리고 앞으로의 성장 가능성을 함께 보여 주는 것이 중요하다. 하지만 아무리 좋은 모습을 보여 주었더라도 지원하는 학교 혹은 학과와 관련성이 없다면, 이는 잘 쓴 자기소개서라고 할 수 없다. 학과와의 관련성을 보이면서도 노력과 성장, 성취를 '역량'과 관련된 핵심 키워드로 엮은 스토리텔링이 필요하다. 이를 위해서는 먼저, 나의 다양한 경험을 떠올려 보는 것이 도움이 된다. 작은 경험이라도 자기소개서의 소재가 될 수 있으므로 브레인스토밍을 통해 최대한 많이 떠올려 보는 것이 좋다. 그렇게 떠올린 경험을 핵심 키워드로 엮어 스토리텔링을 하면 된다.

가. 브레인스토밍 후 구체화하기

브레인스토밍을 위해서도 생성형 AI의 도움을 얻을 수 있다. 예를 들어, '입시 자기소개서를 써야 하는데 나의 경험으로 어떤 것들을 쓸 수 있을까? 뭐든지 떠올려 보라고 하는데 어떻게 해야 할지 모르겠어.'와 같이 나의 고민을 털어놓거나 질문하는 방식으로 대화를 나누며 나의 경험을 떠올리고 구체화할 수 있다. 이를 보여 주는 AI와의 대화 과정을 간단하게 제시해 보겠다. 학교(학과)와 관련성이 있는 역량이라고 할지라도 의외의 경험을 통해서 드러날 수도 있으므로 학교(학과)를 밝힌 프롬프트와 그렇지 않은 프롬프트 모두를 활용해 보는 것을 추천한다. 학교(학과)와의 관련성을 강조하는 틀 때문에 오히려 가치 있고 의미 있는 경험이 배제되는 안타까운 일이 생길 수도 있다.

 나는 대학교 국어교육과 입시를 준비하고 있어. (학창 시절 경험을 통해 배운 점)을 써야 하는데 나의 경험으로 어떤 것들을 쓸 수 있을까? 뭐든지 떠올려 보라는 조언을 얻었는데 어떻게 해야 할지 잘 모르겠어.

[AI의 답]

국어 교육과 입시를 준비한다면, 학창 시절 경험 중에서 언어와 관련된 경험이나 교육적인 가치를 드러낼 수 있는 이야기를 중심으로 떠올려 보면 좋아. 아래 질문을 참고해서 생각을 정리해 보자:

1. 국어와 관련된 특별한 경험

- 국어 과목에서 흥미를 느꼈던 활동이나 주제가 있었니? (예: 독서 감상문 쓰기, 글쓰기 대회, 시 쓰기)
- 국어를 통해 스스로 성취감을 느꼈거나 다른 사람들에게 영향을 준 일이 있니?

2. 국어 교사로서의 꿈을 키우게 된 계기

- 국어 교사가 되고 싶다고 생각하게 된 구체적인 계기는 무엇이었어?
- 그 계기와 관련된 에피소드가 있다면 떠올려 봐.

3. 타인과의 소통과 협력

- 친구들을 도와 국어 공부를 함께하거나 설명해 준 경험이 있니?
- 독서 토론이나 발표 활동을 통해 협력했던 사례를 떠올려 보자.

4. 국어의 가치를 느꼈던 순간

- 글을 통해 위로받거나 감동을 느꼈던 순간은?
- 언어의 힘이나 국어의 중요성을 실감했던 경험이 있다면 기억해 봐.

5. 리더십이나 주도적인 경험

- 학급에서 글쓰기 대회나 독서 관련 행사를 기획하거나 주도했던 일이 있니?
- 국어 과제나 프로젝트에서 리더 역할을 했던 경험이 있다면 구체적으로 정리해 봐.

6.성장과 배움

- 국어 학습 중 어려움을 느꼈지만 극복했던 경험이 있니?
- 어려운 국어 개념을 이해하기 위해 했던 노력이나 창의적인 학습법을 떠올려 보자.

예시 질문을 통해 경험을 구체화하는 방법

1. 국어 시간에 어떤 주제의 발표를 했고, 그 준비 과정에서 무엇을 배웠는가?
2. 학교 행사나 동아리에서 국어와 관련된 활동을 통해 느낀 점은?
3. 책을 통해 깨달음을 얻거나 국어 공부를 통해 성장했던 사례는?

이런 경험들을 간단히 메모해 보고, 가장 나답고 진솔한 이야기를 선택해서 자기소개서에 담으면 돼. 추가로 구체적으로 작성하고 싶은 경험이 있다면 말해줘, 함께 정리해 보자!

위와 같은 AI의 답변을 바탕으로 국어교육과라면 '언어와 관련된 경험', '교육적 가치'와 연관 지어 마인드맵을 만들며 여러 키워드를 떠올려 볼 수 있다. 예를 들어, '말하기', '발표', '토론', '토의', '독서', '어휘', '중세 국어' 등 언어와 관련된 키워드를 떠올리고 이와 관련된 나의 경험을 가지치기할 수 있으며 '소통', '공감', '배려', '수용', '포용', '인내' 등과 같이 교육에서 중요하게 생각하는 키워드를 떠올리고 이와 관련된 나의 경험을 생각해 볼 수도 있다. 또 AI가 제시한 답변들과 연관된 경험을 떠올려 볼 수도 있다. 그렇게 떠올린 경험을 다시 AI에 제공하고 이를 자기소개서에 어떻게 활용할 수 있을지 다시 묻는 대화를 이어갈 수 있다. AI가 제시한 '1. 국어와 관련된 특별한 경험'을 바탕으로 '모둠 책 읽기' 활동을 떠올렸다고 가정하고, 이를 바탕으로 AI와 나눈 추가 대화의 내용을 살펴보겠다.

 [추가 질문]

국어 시간에 모둠 책 읽기를 한 적이 있어. 같이 '환경'에 대한 책을 읽고 질문을 만드는 수업이었어. 모둠원끼리 같은 책을 골라 정해진 분량을 읽고 해당 부분에서 책의 내용을 가지고 질문을 만드는 활동이었어. 나는 책을 읽으면서 질문을 만들어 보니 우리 사회의 환경 문제에 대해서 좀 더 깊이 있게 생각할 수 있어서 책을 읽는 과정에서 사회적인 문제도 더 생각해 볼 수 있구나 깨달았어. 그리고 모둠원끼리 질문을 하나씩 만들고 그 질문을 가지고 모둠 질문을 만들었어야 했는데, 모둠원끼리 질문이 다양한 것도 재밌었지만 질문을 발전시킨다는 점이 어려웠어. 그래도 좋은 질문에 대해 생각하며 모둠 질문을 만드는 과정이 꽤나 보람 있던 것 같아. 그리고 질문을 만들기 어려워하던 친구들하고 같이 이야기를 나누다 보니 그 친구들도 점차 방향을 잡아가기 시작했는데, 내가 도움을 준 것 같아서 뿌듯했어. 이런 내용을 가지고 국어교육과에 지원하는 자기소개서에 어떻게 잘 정리해서 쓸 수 있을까?

 [AI의 답]

너의 경험을 잘 정리해서 자기소개서에 쓰면 국어교육과 지원 동기와 적합성을 잘 보여 줄 수 있을 거야. 아래에 네 경험을 구조적으로 정리하는 방법을 제안할게.

1. 경험의 배경과 상황 설명

자기소개서는 구체적이고 명확한 상황 설명이 중요해.

예시: "고등학교 국어 시간에 모둠 활동으로 환경에 대한 책을 읽고 질문을 만드는 수업을 경험했습니다. 이 수업은 정해진 분량을 읽고 책의 내용을 바탕으로 질문을 만들어 모둠원들과 논의하며 질문을 발전시키는 활동이었습니다."

2. 경험에서 얻은 교훈

책 읽기와 질문 만들기를 통해 무엇을 배웠는지 구체적으로 작성해.

예시: "책을 읽으며 질문을 만드는 과정에서 단순히 책의 내용을 이해하는 것을 넘어, 우리 사회의 환경 문제에 대해 더 깊이 고민하게 되었습니다. 이 경험은 책이 단순한 정보 전달의 매체를 넘어 사회적 문제를 성찰하는 도구가 될 수 있음을 깨닫게 해 주었습니다."

3. 협력과 성장

모둠 활동에서 겪었던 어려움과 이를 극복하며 느낀 점을 자연스럽게 연결해.

예시: "모둠원들과 함께 질문을 발전시키는 과정은 쉽지 않았지만, 다양한 질문을 모으고 서로의 아이디어를 조율하며 보다 심도 있는 질문을 만들어가는 경험이 무척 보람 있었습니다. 특히, 질문 만들기에 어려움을 느끼던 친구들에게 도움을 주며 그들이 방향을 잡아가는 모습을 보며 협력의 중요성을 다시금 깨달았습니다."

4. 지원 동기와 연결

이 경험을 국어교육과와 연결 지어야 더욱 설득력이 있어.

예시: "이 경험을 통해 책 읽기와 토론, 질문을 통한 사고력 확장이 얼마나 큰 가치를 지니는지 알게 되었고, 이를 학생들에게 가르치는 국어 교사가 되고 싶다는 꿈을 가지게 되었습니다. 저는 국어교육과에서 독서와 토론, 질문을 활용한 창의적인 교육 방법을 배우고 이를 학생들에게 실천하여 국어의 힘으로 사고와 성장을 돕고 싶습니다."

최종 정리된 예시

"고등학교 국어 시간에 모둠 활동으로 환경에 관한 책을 읽고 질문을 만드는 수업을 경험했습니다. 책의 내용을 바탕으로 질문을 만드는 과정에서 단순히 내용을 이해하는 것을 넘어 우리 사회의 환경 문제를 깊이 고민하게 되었습니다. 이 경험을 통해 책이 사회적 문제를 성찰하는 도구가 될 수 있음을 깨달았습니다.

모둠 활동에서 서로 다른 아이디어를 조율하며 질문을 발전시키는 과정은 쉽지 않았지만 보람 있는 시간이었습니다. 특히, 질문 만들기에 어려움을 느끼던 친구들과 대화를 나누며 그들이 점차 방향을 잡아가는 모습을 보며 협력의 가치를 체감했습니다.

이 경험은 국어 교사로서 학생들에게 책 읽기와 토론, 질문을 통해 사고력과 공감 능력을 키울 수 있도록 돕는 역할을 하고 싶다는 꿈을 구체화하는 계기가 되었습니다. 국어 교육과에서 독서와 토론, 질문을 활용한 창의적인 교육 방법을 배우고, 이를 통해 학생들의 성장과 사고를 지원하는 교사가 되고 싶습니다."

너의 진솔한 이야기를 담은 글이 독자의 마음을 움직일 수 있을 거야!

나. 키워드 중심으로 경험 떠올리기

또 다른 방법으로는 하나의 키워드를 중심으로 경험을 떠올리는 방법을 생각해 볼 수도 있다. 예를 들어, 자신의 '소통'과 '협력' 능력을 강조하고자 한다고 했을 때, 아래와 같이 프롬프트를 만들어 볼 수 있다. 내가 지원하고자 하는 학교(학과)와 자기소개서의 스토리를 만들기 위한 키워드(소통, 공감, 협력, 배려, 인내 등)를 제시하고 관련 경험을 떠올리고 연결하는 것에 도움을 받을 수 있다. 하지만 아래 AI 답변을 보면 알 수 있듯이 '연극 제작, 영화 제작, 즉흥 연기나 워크숍 참여' 등 일반적인 학교에서는 경험하기 어려운 답변을 제시하고 있다. 그러니 AI를 맹신하지 말고 꼭 여러 차례 AI의 답을 보완할 수 있는 추가 질문을 제시하거나 수정을 요청하는 것이 필요하다. 아래의 경우에는 '일반적으로 한국의 고등학교에서 많이 하는 경험으로 다시 추천해 줘'와 같은 추가 요청을 통해 보완할 수 있을 것이다.

 나는 예술대학교 연극영화과에 지원하기 위해 자기소개서를 쓰고 있어. '소통'과 '협력'을 주제로 전반적인 자기소개서 스토리텔링을 하고 싶어. 연극영화과와 관련이 있으면서도 '소통'과 '협력'과 관련된 경험들로 어떤 걸 떠올릴 수 있을까?

 [AI의 답]
연극영화과는 팀워크와 소통 능력이 매우 중요한 학과이기 때문에 다음과 같은 경험을 자기소개서에 녹여 내면 좋을 것 같아. 특히 연극이나 영화와 관련된 사례와 더불어 소통과 협력의 중요성을 강조하는 스토리텔링을 추천해.

1. 연극 제작 경험
- 상황: 학교나 동아리에서 연극 제작에 참여했던 경험
- 소통과 협력 요소
  - 팀 내 갈등 상황에서 의견을 조율하거나 대화를 통해 문제를 해결했던 경험
  - 대본을 작성하거나 배역을 연기하면서 서로의 아이디어를 받아들이고 발전시킨 사례
- 결과: 이러한 과정을 통해 더 나은 공연을 만들어 냈다는 점 강조

2. 영화 제작 프로젝트
- 상황: 단편 영화를 제작하거나 촬영팀으로 참여했던 경험
- 소통과 협력 요소:
  - 감독, 배우, 촬영팀 간의 의견 차이를 조정하거나, 아이디어를 통합하여 시너지를 낸 경험
  - 한정된 시간이나 자원 안에서 효율적으로 협력하여 결과물을 완성한 사례
- 결과: 결과물이 성공적이었던 이유를 팀워크와 소통 덕분이라고 연결

3. 즉흥 연기나 워크숍 참여
- 상황: 즉흥 연기(improv) 활동이나 연극 워크숍에서 팀과 함께 즉석에서 장면을 만들어본 경험
- 협력 요소:
  - 서로의 제안을 수용하면서 새로운 장면을 창작했던 과정
  - 상대방의 감정과 반응에 귀 기울이며 자연스럽게 연기를 이어간 사례
- 결과: 이러한 활동이 소통과 협력 능력을 크게 성장시켰음을 설명

4. 학생회 또는 동아리 활동
- 상황: 학생회나 연극/영화 동아리에서 팀 프로젝트를 진행했던 경험
- 소통과 협력 요소:
  - 행사를 기획하면서 다양한 의견을 경청하고 하나의 방향으로 이끈 사례
  - 무대 설치, 홍보 등에서 구성원들과 역할을 나누고 조율했던 경험
- 결과: 팀의 협력 덕분에 성공적으로 행사를 마쳤음을 어필

스토리텔링 팁
  - 구체적인 사례: 단순히 "소통과 협력이 중요했다"고 쓰는 대신, 실제로 어떤 갈등이나 도전이 있었고 이를 어떻게 해결했는지 구체적으로 설명
  - 결과 중심: 소통과 협력 덕분에 어떤 결과를 얻었는지 강조. 예를 들어, 공연이 성공적으로 끝났다거나 팀워크 덕분에 관객에게 큰 감동을 줬다는 식으로

- 미래와의 연결: 이러한 경험이 앞으로 연극영화과에서의 활동과 어떻게 연결될지 또
는 배우나 감독으로서 어떤 영향을 미칠지 언급

너의 경험을 바탕으로 위의 예시 중 몇 가지를 활용해 보면 좋을 것 같아! 필요하면 구체
적인 문장 작성도 도와줄게.

다. 경험을 관통하는 핵심 키워드 찾기

이 외에도 자신이 떠올린 여러 경험을 제시하고 이 경험을 관통하는 핵심 키워드와
학과 관련성을 찾을 수 있도록 요청함으로써 스토리텔링을 하는 데 도움을 받을 수도
있다. 이때도 역시나 다음의 것들을 잊지 말아야 한다. 첫째, 지원하고자 하는 학교(학
과)를 밝힌다. 둘째, 지원 학교(학과)에서 요구하는 사항을 정확하게 제시한다. 셋째,
자신이 의미 있게 참여했던 활동을 구체적으로 제시한다. 넷째, 그 과정에서 한 행동
과 느낀 점 등을 분명하게 서술한다. 이런 점들을 고려하여 프롬프트를 다음과 같이
작성해 볼 수 있다.

나는 대학의 항공경영과 입시를 위한 자기소개서를 준비하고 있어. 자기소개서의 요구
사항은 "고등학교 재학 기간 중 의미를 두고 노력했던 교내 활동을 배우고 느낀 점 중심
으로 3개 1,500자 이내로 작성"하는 것이야.
우선 세 가지 경험을 골랐어. 나는 교내 독서 토론 동아리 활동을 열심히 했어. 그중에서
《다정한 것이 살아남는다》와 《나는 매주 시체를 보러 간다》라는 책을 읽으며 인간의 삶
에서 중요한 가치가 무엇인가에 대해 깊게 생각해 볼 수 있었고, 토론 과정에서 서로 다
른 의견을 가진 사람들이 의견을 교환하는 과정이 꼭 필요한 것임을 느낄 수 있었어.
두 번째는 발표 수업에 열심히 참여하려고 노력했어. 어떤 과목이든 발표 수업에 적극적으
로 나서서 사람들 앞에서 전달하고자 하는 바가 분명히 전달되도록 여러 차례 연습했어.
마지막으로 소방 교육이나 응급처치 교육 같은 안전 교육에 열심히 참여했어. 골든타임
이 얼마나 중요한지 응급처치 교육의 필요성을 크게 느낄 수 있었어. 이것을 어떻게 항
공경영과와 연결시킬 수 있으며, 또 통일성을 갖춘 스토리텔링을 할 수 있을까? 자기소
개서의 요구 사항을 충족하기 위해 내가 떠올린 활동과 느낀 점에서 더 보완해야 할 부
분이 있을까?

[AI의 답]

너의 경험들을 항공경영과와 연결하고 스토리텔링을 강화하는 방법에 대해 몇 가지 조언을 줄게. 각 활동을 항공경영과의 핵심 가치, 즉 소통, 리더십, 안전, 서비스 마인드와 연관 지을 수 있어.

1. 독서 토론 동아리 활동
- 경험 요약: 다양한 책을 통해 인간의 삶에서 중요한 가치를 탐구하고, 서로 다른 의견을 가진 사람들과의 소통과 협력을 경험함.
- 항공경영과 연결:
  - 항공 산업은 다양한 국적과 배경을 가진 사람들과의 소통이 필수적이야. 독서 토론 활동을 통해 얻은 "다양한 의견을 존중하며 조화롭게 협력하는 능력"은 글로벌한 항공 경영 환경에서도 큰 강점이 될 수 있어.
  - 《다정한 것이 살아남는다》에서 다정함과 협력의 가치를 깨달았다는 점을 항공 서비스와 연결하면 좋을 것 같아. 예를 들어, 승객과 동료 직원들과의 관계에서 다정함이 긍정적인 경험을 만드는 데 얼마나 중요한지를 강조할 수 있어.

2. 발표 수업 참여
- 경험 요약: 발표 수업에서 명확히 메시지를 전달하기 위해 여러 차례 연습하며 발표 능력과 자신감을 키움.
- 항공경영과 연결:
  - 항공 산업에서는 상황에 따라 승객들에게 안내하거나 문제를 해결해야 하는 경우가 많아. 발표를 통해 "명확한 의사소통 능력"과 "리더십"을 키웠다는 점을 강조할 수 있어.
  - 특히 항공사 승무원이나 매니저로서 승객의 신뢰를 얻고 효과적으로 의사소통하는 능력이 중요하다는 점을 연결하면 좋아.

3. 안전 교육 참여
- 경험 요약: 소방 및 응급처치 교육에 참여하며 골든타임의 중요성과 응급처치의 필요성을 깨달음.
- 항공경영과 연결:
  - 항공 산업은 무엇보다 안전이 최우선이야. 네가 안전 교육에서 배운 경험은 위급 상황에서 빠르게 대처하는 "책임감"과 "응급 상황 대처 능력"으로 연결할 수 있어.
  - "승객의 안전을 지키는 일은 항공 경영의 핵심 가치 중 하나"임을 언급하며, 이를 통해 네가 안전에 대한 강한 책임감을 갖고 있다는 점을 보여줄 수 있어.

스토리텔링 강화 방안

1. 통일된 주제:

- 너의 경험들을 "항공 산업에서 요구되는 소통, 명확한 의사 전달, 안전 관리 능력을 키운 과정"으로 묶으면 좋아.
- 예를 들어, "사람들과의 소통을 통해 가치를 배우고, 이를 명확히 전달하며, 안전을 중시하는 태도를 기른 경험"으로 스토리를 풀어나갈 수 있어.

2. 구체적인 사례 추가:

- 독서 토론에서 기억에 남는 토론 주제와 너의 의견을 짧게 덧붙여 구체성을 더할 수 있어.
- 발표 수업에서 너의 발표가 긍정적인 평가를 받았거나 특별히 어려움을 극복했던 경험을 예로 들면 더 설득력 있어.
- 안전 교육에서 배운 구체적인 응급처치 기술(예: 심폐소생술)을 언급하며 "위기 상황에서 침착함을 유지할 수 있는 자신감"을 강조할 수 있어.

3. 항공경영과의 직접적인 연결:

- 각 활동의 배움과 느낀 점을 항공경영과 관련된 상황(승객 응대, 팀워크, 위기 대처 등)에서 어떻게 활용할 것인지 간단히 제시해.

보완해야 할 점

1. 책임감과 열정 강조:

- 항공경영과는 고객 중심의 사고와 책임감이 중요한 학과야. 각 활동을 통해 네가 "사람들을 위해 헌신하는 자세"를 배웠다는 점을 언급하면 좋아.

2. 미래 비전 추가:

- 이러한 경험들을 바탕으로 "항공 산업에서 어떤 역할을 하고 싶은지"에 대해 간략히 언급하면 더 매력적인 자기소개서가 될 거야.

예시 마무리 문장

> "교내 활동을 통해 배운 소통, 명확한 전달, 그리고 안전 의식은 항공 산업에서 고객과 동료의 신뢰를 얻고, 위기 상황에서도 침착하게 대처하며, 책임감 있는 리더로 성장하는 데 밑거름이 될 것입니다. 저는 이 경험들을 기반으로 항공경영과에서 더욱 전문적인 지식을 쌓아 글로벌 항공 산업에 기여하고 싶습니다."

이렇게 작성하면 요구 사항을 충족하면서 항공경영과에 적합한 인재라는 인상을 줄 수 있을 거야!

위와 같이 다양한 방법으로 AI를 활용하여 자기소개서에 작성할 내용을 마련할 수 있다. 다만, 이때 주의해야 할 점은 AI가 프롬프트를 통해 제공받은 단편적인 정보만을 바탕으로 정보를 제시한다는 사실이다. 무비판적으로 AI의 답을 그대로 옮겨 적었다가는 오히려 역효과가 날 수 있다. 반드시 내가 지원하려는 학교와 학과의 특성을 분석하고 그것에 맞는 내용인지 스스로 점검하여 평가하는 과정이 수반되어야 한다.

3) 자기소개서 검토하기

자기소개서를 작성하고 난 후 많은 학생이 선생님에게 검토 및 피드백을 요청한다. 하지만 급하게 자기소개서를 수정 후 제출해야 하는 등 상황이 여의치 않으면 스스로 검토해야 하는 일이 생기기도 한다. 이럴 때 AI의 도움을 받아 자기소개서를 수정할 수 있다. 물론 AI에 작성한 자기소개서를 보내 주고 '이상한 부분이 있는지 봐줘.', '흐름이 괜찮은지 봐줘.', '맞춤법을 수정해 줘.'처럼 전반적인 수정을 요청할 수 있다. 하지만 보다 꼼꼼한 피드백을 받고자 한다면 AI에 구체적인 요구 사항을 입력해야 한다. 어떤 점에서 피드백을 받고 싶은지 구체적인 요구 사항을 작성하기 위해 먼저 자기소개서를 쓸 때 어떤 점을 고려해야 하는지 살펴보아야 한다.

1부

2부

3부

1장 생성형 AI로 자기소개서 쓰기

1. 지원하려는 학교 혹은 학과의 특성을 분석하고, 그 특성과의 관련성을 제시했는가.
2. 제시된 조건을 꼼꼼히 살피고 충실하게 반영했는가.
3. 일반적인 내용이 아닌 구체적인 경험을 바탕으로 의미(배운 점, 깨달은 점 등)를 도출했는가.
4. 진학 후 학업 계획이나 꿈, 진로 계획 등을 서술할 때 실현이 가능하고 구체적인 계획을 제시했는가.
5. 지원 학교(학과)와 관련성 있는 역량, 능력, 가치관 등을 바탕으로 내용이 자연스럽게 연결되는가.
6. 단어, 문장 등 문법적인 오류가 없는가.

기본적으로 이 여섯 가지를 만족시키고 여기에 더해서 조금 더 욕심을 내보자면 창의적이고 인상적인 표현을 사용하는 것까지 나아갈 수 있다. 이러한 점을 조건으로 제시하여 예시 프롬프트를 작성해 보면 다음과 같다. 이때 모든 조건을 한 번에 제시하기보다는 꼼꼼한 수정을 위해 한두 가지씩 차근차근 검토를 요청하며 수정해 나가는 것을 추천한다.

 나는 ○○ 대학교 ○○학과에 지원하기 위해 자기소개서를 쓰는 중이야. 내가 자기소개서를 잘 썼는지 검토가 필요해. 다음 조건에 따라서 내가 쓴 자기소개서에 대한 피드백을 해 줘.

[조건] 1. ○○대학교 ○○학과는 최근 (…) 프로그램을 운영하고, (…) 커리큘럼을 제공함. 이런 학과의 특성과 관련성이 있는 내용으로 작성했는가. 2. ○○대학교에서 제시하는 자기소개서 양식은 (…)임. 양식에 부합하지 않는 부분은 없는가. 3. 구체적인 경험이 제시되어 있으며 이를 바탕으로 의미를 도출했는가. 4. 진학 후 학업 계획이 실현 가능하고 구체적인 내용으로 제시되었는가. 5. 지원 학과와의 관련성이 있는 역량, 능력, 가치관으로 귀결되는 흐름인가. 6. 단어, 문장 등 문법적인 오류가 없는가.

[내가 쓴 자기소개서] (내용 추가)

이렇게 검토의 과정을 거치면서 여러 차례 수정을 거듭하다 보면 처음에는 생각나지 않았던 부분이 떠오르기도 하고, 점차 자기소개서의 양식에 익숙해지며 완성도 높은 자기소개서를 완성할 수 있을 것이다.

2장

생성형 AI로 면접 준비하기

자기소개서뿐만 아니라 면접을 준비할 때도 생성형 AI를 활용할 수 있다. 특히 면접은 연습 과정에서 면접 예상 질문 리스트를 요청할 수도 있고, 생성형 AI에 면접관의 역할을 부여하고 면접 상황을 가정하여 시뮬레이션 연습을 할 수도 있다. 최근에는 유료이기는 하지만 생활기록부를 기반으로 면접 리스트를 뽑고, AI와 실시간으로 면접을 진행할 수 있는 AI 프로그램도 있다고 한다. 여기에서는 챗GPT, 뤼튼 등 대화형 생성형 AI를 활용한 방안을 함께 알아보겠다.

1) 면접 예상 질문 요청하기

먼저 생성형 AI에 면접 예상 질문을 요청해 보자. 단순히 '면접에서 자주 나오는 예상 질문 리스트를 작성해 줘'와 같이 물을 수도 있지만, 지원하는 학교나 학과를 특정하여 질문을 요청할 수 있다. 혹은 자신의 생활기록부나 사전에 대학에 제출했던 자기소개서를 제공하고 이를 기반으로 한 질문 리스트를 요청할 수도 있다. 생활기록부는 '민원24'를 통해 신청해서 받을 수 있다.

 대학교 입시 면접에서 자주 나오는 예상 질문 리스트를 15개 알려 줘.

 나는 대학의 지리학과에 지원하고 싶어. 지리학과 입시 면접에서 많이 물어보는 질문 리스트를 알려 줘.

 나는 대학의 컴퓨터 공학과에 지원하려고 면접을 준비하고 있어. 내가 사전에 대학에 제출한 자기소개서의 내용을 바탕으로 컴퓨터 공학과의 면접에서 물어볼 법한 예상 질문 리스트와 그 예상 질문의 답변에 대한 추가 질문도 하나씩 알려 줘.
[자기소개서] (파일로 제시하거나 내용을 붙여 넣어 제시)

 [AI의 답]
대학교 입시 면접에서 자주 나오는 질문 리스트를 아래와 같이 정리했습니다. 이 질문들은 면접 준비에 도움이 될 것입니다.

대학교 입시 면접 예상 질문 리스트
1. 자기소개를 해 보세요.
- 기본 중의 기본 질문으로, 임팩트 있는 자기소개가 필요합니다. 지원 동기를 포함하는 것이 좋습니다.
2. 전공과 관련된 본인의 장단점은?
- 자신의 장단점을 전공과 연결 지어 설명하는 것이 효과적입니다.
3. 학과와 관련지어 성장 과정에 대해 말씀해 보세요.
- 자신의 성장 과정과 전공의 연관성을 설명하는 질문입니다.
4. 고등학교 때 했던 특별한 봉사 활동이 있나요?

- 봉사 활동 경험을 통해 자신의 가치관을 드러낼 수 있습니다.

5. 장래 희망이 무엇인가요?

- 자신의 미래 계획과 목표를 설명하는 질문입니다.

6. 학교생활하면서 겪었던 어려움이 있다면 말씀해 보세요.

- 어려움을 극복한 경험을 통해 문제 해결 능력을 보여줄 수 있습니다.

7. 고등학교 시절 아쉬웠거나 후회되는 것이 있나요?

- 후회하는 경험을 통해 배운 점을 강조할 수 있습니다.

8. 학창 시절에 가장 기억에 남는 경험은 무엇인가요?

- 기억에 남는 경험이 본인에게 미친 영향을 설명하는 질문입니다.

9. 본 전공을 지원한 동기는 무엇인가요?

- 전공 선택의 이유와 열정을 설명하는 질문입니다.

10. 대학에 진학하고 싶은 이유는 무엇인가요?

- 대학 진학의 필요성과 목표를 설명하는 질문입니다.

11. 자신의 취미나 특기는 무엇인가요?

- 개인의 취미나 특기를 통해 자신을 어필할 수 있습니다.

12. 가장 존경하는 인물은 누구인가요?

- 존경하는 인물과 그 이유를 통해 자신의 가치관을 드러낼 수 있습니다.

13. 팀워크를 발휘한 경험이 있나요?

- 팀워크의 중요성을 강조하며 경험을 공유하는 질문입니다.

14. 자신의 강점과 약점은 무엇인가요?

- 강점은 어떻게 활용할 것인지, 약점은 어떻게 극복할 것인지 설명하는 질문입니다.

15. 대학 생활에서 이루고 싶은 목표는 무엇인가요?

- 대학에서의 목표와 계획을 설명하는 질문입니다.

이 질문들은 면접에서 자주 등장하는 내용들로, 미리 준비해 두면 좋습니다. 면접 준비를 통해 자신감을 가지고 임하시길 바랍니다!

1부

2부

3부

2장 생성형 AI로 면접 준비하기

이렇게 미리 면접의 예상 질문을 뽑아 보고 이에 대한 답변을 준비하면 된다. 이렇게 답변을 준비하는 것도 훌륭하지만 보다 즉각적인 연습도 필요하다. 이는 '면접 시뮬레이션 연습하기'에서 확인해 보자.

ㄹ) 면접 시뮬레이션 연습하기

면접 시뮬레이션을 진행할 때는 생성형 AI에 면접관의 역할을 부여하고 시뮬레이션을 요청하면 된다. 하지만 실제 면접이 음성 언어로 이루어지는 것과 달리 생성형 AI를 활용한 면접은 문자 언어로 이루어지며 면접 질문에 대한 답을 충분히 생각하고 작성한다는 점에서 실제성이 떨어지는 측면이 있다. 이때 '클로바 노트'와 같이 음성-문자 변환이 가능한 AI를 활용하여 실제성을 높일 수 있다. AI가 제시하는 질문을 보고 실제 면접 현장에서와 같이 답변하는 과정을 클로바 노트로 녹음하여 텍스트로 변환한 뒤 답변으로 제시하는 것이다.

 [역할 부여] 당신은 ○○대학교 경제학과의 입학시험 면접관입니다. 저는 면접을 보러 온 학생입니다.
[시뮬레이션 설명] 지금부터 대면 면접 상황을 가정하고 면접을 진행해 보겠습니다. 면접은 면접관 2명, 지원자 1명의 구도로 진행되며 전체 면접 시간은 15분입니다. 지원하고자 하는 학과와 관련된 일반적인 면접 질문에 더해서 제가 대답한 내용에 대한 추가 질문을 함께 해주시기 바랍니다. 제가 인사를 하면 면접 질문을 제시하며 진행해 주시기 바랍니다.

 [AI의 답]
좋습니다! ○○대학교 경제학과 입학 면접 시뮬레이션을 시작하겠습니다. 상황에 맞는 질문을 드리고, 대답에 따라 추가 질문도 이어가겠습니다. 긴장하지 마시고 자연스럽게 답변해 주세요. 준비되셨으면 인사를 부탁드립니다.

 [지원자] 안녕하십니까. 저는 ○○대학교 경제학과에 지원한 지원번호 3번입니다.

 [AI 면접관]
안녕하십니까, 지원자 3번님. 면접에 오신 것을 환영합니다. 긴장하지 마시고 편안하게 답변해 주시면 됩니다. 첫 번째 질문 드리겠습니다.
질문 1: 경제학은 사회의 다양한 문제를 분석하고 해결책을 제시하는 학문입니다. 경제학과를 선택하게 된 특별한 계기나 동기가 무엇인가요?

[지원자] 제가 경제학과를 선택한 특별한 계기는 사회의 다양한 문제에 대해 깊이 이해하고, 이를 해결하는 데 기여하고 싶다는 마음에서 비롯되었습니다. 고등학교 시절, 경제 관련 수업을 듣고 경제 이론이 실제 사회에 어떻게 적용되는지를 배우면서 큰 흥미를 느꼈습니다. 특히, 경제 불평등이나 환경 문제와 같은 사회적 이슈를 해결하기 위한 정책을 고민하는 과정에서 경제학의 중요성을 깨닫게 되었습니다. 이러한 배경으로 인해 경제학을 통해 사회에 긍정적인 영향을 미치고 싶다는 열망이 생겼습니다.

 [AI 면접관]
그럼 추가 질문을 드리겠습니다.
추가 질문 1: 경제 불평등이나 환경 문제와 같은 사회적 이슈를 해결하기 위해서는 다양한 경제 정책이 필요합니다. 현재 우리나라에서 경제 불평등을 줄이기 위해 시행되고 있는 정책 중 하나를 예로 들어 설명하고, 그 정책의 효과에 대해 본인의 생각을 말씀해 주시겠습니까?

 [지원자] 현재 우리나라에서 경제 불평등을 줄이기 위해 시행되고 있는 정책 중 하나는 '최저임금 인상'입니다. 이 정책은 저소득층 근로자들의 소득을 높이려는 목표를 가지고 있습니다.
최저임금이 오르면 저소득층의 생활수준이 향상되고, 소비도 늘어나서 경제에 도움을 줄 수 있다고 생각해요. 하지만 친구들 사이에서도 이 정책이 소규모 사업자에게 부담이 될 수 있다는 걱정도 많이 들었습니다. 또, 일부 기업에서는 고용을 줄일 수도 있다는 이야기도 있었어요.
저는 최저임금 인상이 단기적으로는 어려운 점이 있을 수 있지만, 결국에는 더 많은 사람들이 안정적인 소득을 가지게 되어 경제 불평등이 줄어드는 데 도움이 될 것이라고 생각합니다. 그래서 이 정책이 잘 진행되려면 다른 지원 정책도 함께 필요하다고 느낍니다.

 [AI 면접관]
추가 질문 2: 최저임금 인상과 같은 정책이 성공적으로 정착되기 위해서는 다른 지원 정책이 필요하다고 말씀하셨는데요. 어떤 종류의 정책이 함께 시행된다면 최저임금 인상의 효과를 극대화할 수 있을까요? 본인의 의견을 말씀해 주시기 바랍니다.

 [지원자] 최저임금 인상의 효과를 극대화하기 위해서는 몇 가지 지원 정책이 필요하다고 생각합니다.
첫째, 중소기업을 지원하는 정책이 중요하다고 생각해요. 정부에서 재정 지원이나 세금 감면을 통해 중소기업이 부담을 덜 수 있도록 도와준다면, 최저임금 인상이 좀 더 원활

하게 진행될 수 있을 것 같습니다.

둘째, 직업 교육과 훈련 프로그램을 확대하는 것도 좋은 방법이라고 생각합니다. 근로자들이 더 많은 기술을 배우면, 더 나은 일자리를 찾는 데 도움이 될 것입니다.

이 외에도 다양한 지원 정책이 필요할 것 같은데, 아직 제가 많이 부족한 부분이 있어서 더 공부해야 할 것 같습니다. 이렇게 말씀드릴 수 있을 것 같습니다.

[AI 면접관]

다음으로 학과 관련 경험에 대해 질문드리겠습니다.

추가 질문 3: 고등학교 시절 경제 수업 외에도 경제학과 관련된 특별한 활동이나 경험이 있다면 말씀해 주세요. 예를 들어, 경제 동아리 활동, 관련 독서, 혹은 경제와 관련된 프로젝트에 참여한 경험이 있나요? 이를 통해 어떤 점을 배웠는지도 함께 말씀해 주시면 좋겠습니다.

[지원자] 네, 알겠습니다. 고등학교 시절 경제학과 관련된 경험에 대해 말씀드리겠습니다. 저는 경제 동아리에서 활동한 경험이 있습니다. 동아리에서는 매주 모여서 최신 경제 뉴스를 분석하고, 각종 경제 이론에 대해 토론하는 시간을 가졌습니다. 이 활동을 통해 경제에 대한 이해도를 높일 수 있었고, 다양한 시각에서 문제를 바라보는 법을 배웠습니다. 또한, 독서 활동으로는 유명한 경제 서적 몇 권을 읽었습니다. 그중 하나는 '자본론'이었는데, 이 책을 통해 자본주의 체제의 구조와 경제 불평등의 원인에 대해 깊이 생각해 볼 수 있었습니다. 물론, 내용이 어려워서 이해하는 데 힘든 부분도 있었지만 경제학의 복잡성과 중요성을 느끼게 해주었습니다.

이런 경험들을 통해 경제학이 단순한 숫자나 이론이 아니라 실제 사회에 큰 영향을 미치는 중요한 학문이라는 것을 깨달았습니다. 앞으로 더 많은 경험을 쌓고 공부하고 싶습니다.

위와 같은 면접 시뮬레이션을 진행할 때, 가장 처음 프롬프트로 예상 질문을 제시하고 예상 질문과 답변에 대한 추가 질문을 적절히 섞어 제시해 주길 요구할 수도 있다. 그리고 시뮬레이션을 완료한 후에는 면접 상황에 대한 피드백을 요청하여 보완할 점을 찾을 수 있다.

지금까지 진행한 면접을 바탕으로 경제학과 면접을 진행하면서 내가 부족했던 점은 무엇인지 어떤 점을 보완하면 좋을지 구체적인 예시와 함께 피드백을 해 줘.

[AI의 답]

아래는 면접에서 부족했던 점과 보완해야 할 점에 대한 구체적인 피드백입니다.

1. 강점: 경제학에 대한 관심과 열정이 잘 드러남

- 예시: 경제 동아리 활동과 《자본론》 독서를 언급하며 경제학에 대한 진지한 관심을 표현하였습니다.
- 칭찬: 학과 지원 동기와 경험이 구체적이고, 본인의 열정이 면접관에게 잘 전달되었습니다.

2. 부족했던 점과 보완 방법

(1) 답변의 구조와 논리성 강화

- 부족했던 점: 답변이 주제를 잘 전달했지만, 핵심을 좀 더 체계적으로 설명하는 연습이 필요합니다. 예를 들어, 정책 제안 부분에서 여러 아이디어를 제시했지만 우선순위나 연결성이 부족해 보였습니다.
- 보완 방법:

  ① PREP 방식 활용: 답변을 할 때, Point(핵심) → Reason(이유) → Example(예시) → Point(핵심 재강조) 순서로 말하면 더 논리적입니다.
  - 예: "최저임금 인상의 효과를 극대화하기 위해 중소기업 지원이 우선되어야 합니다(핵심). 중소기업은 고용의 상당 부분을 담당하고 있으나, 최저임금 인상으로 부담을 느낄 수 있습니다(이유). 정부가 세금 감면 정책을 제공하면 고용 안정성을 유지할 수 있습니다(예시). 따라서 중소기업 지원은 최저임금 정책의 성공에 필수적입니다(핵심 재강조)."

  ② 시간 관리 연습: 중요한 내용을 먼저 말하는 연습을 통해 답변을 더 간결하고 명확하게 만드세요.

(2) 본인 경험과 학문적 연결성 강화

- 부족했던 점: 경제 동아리나 독서 경험을 소개했지만 학문적으로 더 깊게 연결하면 설득력이 높아질 수 있습니다.
- 보완 방법:

  ① 경험에서 배운 구체적인 교훈 추가: 동아리에서 분석한 경제 뉴스나 자본론을 통해 배운 경제 이론과 이를 실제 사회 문제에 적용한 사례를 설명하면 좋습니다.
  - 예: "동아리에서 코로나19 팬데믹이 경제에 미치는 영향을 분석하며 공급망 차질이 인플레이션을 유발한다는 점을 이해했습니다. 이를 통해 경제 정책이 얼마나 중요한지 깨닫게 되었습니다."

  ② 전공과의 연결 고리 제시: 동아리 활동과 독서 경험을 통해 자신이 경제학과에서 어떤 연구를 하고 싶은지 구체적으로 표현하세요.

(3) 대안의 창의성과 깊이 강화
- 부족했던 점: 제안한 정책이 일반적인 수준에 머물렀으며, 면접관이 새로운 시각을 발견하기 어려웠습니다.
- 보완 방법:
  ① 차별화된 아이디어 추가: 현재 이슈와 관련한 참신한 아이디어를 제시해 면접관에게 인상을 남길 수 있습니다.
    - 예: "최저임금 인상 외에도 지역 경제 활성화를 위한 소상공인 전용 플랫폼 구축이나 공유 경제 시스템 도입이 필요하다고 생각합니다."
  ② 통계와 사례 활용: 언급한 정책의 효과를 뒷받침할 자료를 간단히 제시하면 답변의 설득력이 높아집니다.
    - 예: "예를 들어, 독일은 직업 훈련을 강화하면서 고용 안정성을 유지하는 데 성공했습니다."

이런 점들을 보완하면 다음 면접에서 훨씬 더 높은 평가를 받을 수 있을 것입니다. 면접 준비 응원합니다!

위의 과정과 같이 시뮬레이션을 진행하고 피드백을 요청, 보완하는 과정을 반복하다 보면 점차 면접 상황에 익숙해지고 자연스럽게 진행할 수 있을 것이다. 하지만 앞서 말했듯이 이것은 실제 면접을 그대로 재현하기에는 실제성이 떨어진다. 면접에서는 면접의 내용 못지않게 말투, 목소리 크기나 빠르기, 자세, 손짓, 표정 등 준언어적, 비언어적 요소도 중요하게 작용한다. 따라서 본인의 면접 과정을 촬영하고 다시 보면서 내용 준비뿐만 아니라 비언어적, 준언어적 표현 등 전반적인 부분을 검토하는 것이 반드시 필요하다.

[참고문헌, 출처]

2015 개정 국어과 교육과정(교육부)

2022 개정 국어과 교육과정(교육부)

2015 개정 2-2 교과서(지학사)

2015 개정 천재(박영목) 교과서의 '잊힐 권리 법제화, 시급해'(천재교과서)

〈학교급별 생성형 AI 활용 지침〉(서울특별시교육청)

〈챗GPT 간편 가이드(교사용)〉(서울특별시교육청)

기초학력 지원을 위한 AI 활용 교육(서울특별시교육청교육연수원)

《삼국유사》 권1 기이1

[뉴스 기사]

JTBC News '선명히 보이는 경계…하늘에서 본 후쿠시마 오염수 방류'(2023.08.25.)

연합뉴스, "중금속 함유 태양광 폐패널 2040년 82만t 달해…환경 오염 우려"(2020.10.05.)

KBS 뉴스, "스마트폰 많이 쓰면 머리에 뿔난다?"(2019.06.22.)

[이미지 출처]

세계 야생동물 기금 협회(wwf)

[인터뷰] "바이크리페어샵, SNS 시인 하상욱을 만나다!" - https://blog.naver.com/brsblog/183817284

국어 교사가 만든
국어 교사를 위한
찐 실전
Chat
GPT

2025년 2월 28일	1판	1쇄	인 쇄
2025년 3월 7일	1판	1쇄	발 행

지 은 이 : 강유정 · 김예리 · 예승현 공저

펴 낸 이 : 박　　　정　　　태

펴 낸 곳 : **주식회사 광문각출판미디어**

10881
파주시 파주출판문화도시 광인사길 161
광문각 B/D 3층
등　　록 : 2022. 9. 2 제2022-000102호
전 화(代): 031-955-8787
팩　　스 : 031-955-3730
E - mail : kwangmk7@hanmail.net
홈페이지 : www.kwangmoonkag.co.kr

ISBN : 979-11-93205-49-5　　03370

값 : 16,000원